胡春华 ／ 著

故事照见童年

基于故事情境的小学低年级学生
综合素养评价研究

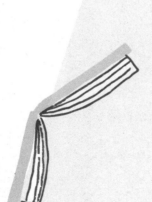

上海教育出版社

图书在版编目（CIP）数据

故事照见童年：基于故事情境的小学低年级学生
综合素养评价研究 / 胡春华著. — 上海：上海教育出
版社，2024.3
　ISBN 978-7-5720-2577-8

Ⅰ. ①故… Ⅱ. ①胡… Ⅲ. ①小学生 – 素质教育 –
教育评估 – 研究 Ⅳ. ①G632.47

中国国家版本馆CIP数据核字(2024)第067627号

责任编辑　刘美文
封面设计　李婷婷

故事照见童年：基于故事情境的小学低年级学生综合素养评价研究
胡春华　著

出版发行　上海教育出版社有限公司
官　　网　www.seph.com.cn
地　　址　上海市闵行区号景路159弄C座
邮　　编　201101
印　　刷　昆山市亭林印刷有限责任公司
开　　本　700×1000　1/16　印张 13
字　　数　200 千字
版　　次　2024年5月第1版
印　　次　2024年5月第1次印刷
书　　号　ISBN 978-7-5720-2577-8/G·2271
定　　价　58.00 元

如发现质量问题，读者可向本社调换　电话：021-64373213

序 言

　　"基于故事情境的小学低年级学生综合素养评价实践研究"是一项很有价值的研究课题。多年来，万科实验小学胡春华校长带领广大教师在理论与实践的结合上进行了系统、深入、扎实的创新性研究，取得了丰硕的研究成果。

　　要实现应试教育向素质教育转型，除了教育理念更新，教育制度机制改革，以及课程教学改革外，还有非常重要的是教育教学评价改革。因为评价不仅具有检查、检测、评判等功能，而且还具有导向功能，直接关系到教育改革目标的实现。为此，中共中央、国务院印发了《深化新时代教育评价改革总体方案》，为新时代教育评价改革指明了方向。

　　众所周知，应试教育注重分科式的书本知识学习与书面形式的知识性考试，忽视综合式的实践知识学习与非书面形式的能力型测评，显然这种做法无法满足学生综合素养培养的要求。于是，教育行政部门在推进素质教育的过程中，结合减负增效，作出了在小学低年级取消书面考试的规定。这对于减轻学生过重的课业负担，保护儿童的身心健康是一项十分有力、有益的举措。但要清醒地认识到，取消书面考试不等于取消评价；更不是不重视义务教育的质量。义务教育是国民的基础素质教育，义务教育的质量关乎未来国民的素质。素质教育倡导培养学生的综合素养正是重视和促进义务教育高质量发展的体现。问题的关键是怎样开展评价。

　　对于长期习惯于书面考试的教师们来说，要开展基于综合素养的真实有效的评价，无疑是重大挑战。万科实验小学胡春华校长以敢为人先的勇气，带领广大教师主动迎接挑战，开展小学低年级学生综合素养评价实践研究。认真阅读此项研究成果，觉得其创新特色较为鲜明，主要有以下五个方面：

一是突出主体性。学生由接受书面考试的客体变成了参与评价的主体。在评价活动过程中，不但实现了教师与学生的主体互动，增强了学生的主体意识和主观能动性，而且激发了学习兴趣，培育了合作精神，提高了探究能力，增强了自信心。这正是素质教育所期待的价值目标。

二是强调综合性。目前是从小学阶段开始分科教学。其实，综合性实践体验式学习仍是小学，尤其是低年级学生学习的主要特点。如果仅以分科书面考试的成绩来评价学生，既不公平，也不合理，最主要的是会扼杀具有不同智能倾向的学生的学习兴趣、潜在能力和特长。此项研究改变了以分科书面考试成绩论优劣的做法，不仅强调了综合评价，而且注重自主体验，在评价活动过程中较好地实现了知识与能力、过程与方法、情感、态度、价值观的有机统一，书本知识世界与现实生活世界的有机统一，科学世界与艺术世界的有机统一，有利于培育学生的综合素养与创造能力。

三是关注情境性。所开展的评价活动要符合不同年龄段学生的认知特点。形象、直观、生动、有趣的情境能更好地满足小学低年级学生参与评价活动的欲望和探究兴趣。叙事性研究成果表明，它是一种非常接近表现性评价的方法，它通过连续描述儿童在真实情景中的行为来展示儿童的学习和发展状况，便于对儿童进行全面和整体的观察与评价。此项研究以故事情境为抓手，设计符合小学低年级学生综合素养的评价方案，很好地破解了针对小学低年级学生怎样进行真实有效评价的难题。为了使故事情境满足评价的要求，课题研究者对创设什么样的故事情境，怎么创设故事情境进行了深入细致的研究，并形成了一些基本原则。如故事情境要符合学生认知特点和评价要求，故事情境要具有故事性、趣味性、逻辑性以及探究性。这样的情境创设，不仅使评价活动有序有效，而且确保了评价目标的达成。

四是注重合标性。所谓合标性，就是评价方案要体现新课程标准的目标与要求。国家修订了新的义务教育课程标准，对义务教育阶段的课程目标、原则、内容、路径和方法作出了明确的规定，这是高质量实施义务教育的重要保证。评价的目的是要确保新课标得到有效落实。此项研究能全面理解和把握新课标的结构和体系，并在此基础上，把知识与能力形成的重点、难点和要点有机地融入评价方案，以便清晰地检测新课标实施的质量与水平。

五是重视可评性。所谓可评性，是指要形成可操作的评价方案。评价是基于事实的价值判断。无论是侧重量的分析的终结性评价，还是侧重质的描述的表现性评价，都离不开从事实的多维度构成的评价要素。由评价要素出发，形成评价指标，或评价要点，是为了更好地获取、整理、分析信息，便于对事实做出准确的评价。此项研究属于表现性评价研究，虽然没有列出显性的评价指标，并不代表没有思考和设计基于新课标的隐性的评价要点。课题研究者以综合素养为主线，以故事情境为载体，以学生参与评价活动的环节为检测点，巧妙地将评价要点隐含在载体里主线上的每个环节的检测点上，及时获取学生参与评价活动的相关信息，随后对各个检测点的评价信息进行收集、整理和分析，最后做出综合评价。这种基于新课标、以综合素养为导向的、具有情境性的表现性评价，不仅契合小学低年级学生的认知特点，而且能对学生的全面发展做出客观真实的评价，从而促进学生发展。

希望胡春华校长带领广大教师继续深化此项研究，形成更加系统、完善的做法和经验，以便面上复制与推广。为深化教育评价改革，促进义务教育高质量发展做出更大的贡献。

赵连根

2024 年 3 月 15 日

（作者系上海市浦东新区教育学会会长）

目 录

第一篇
基于故事情境的综合素养评价的内涵阐释

第一章　学生综合素养评价实施的价值与路径

学生综合素养的培养和全面提高，是社会发展的一般要求和必然趋势，也是建设高质量教育教学体系的必然结果。同时，综合素养的培养也离不开综合素养的评价。科学合理的评价体系有利于教师充分了解学生学习能力发展状况，从而及时调整教学策略，更好地培养学生的综合素养。因此，综合素养评价为学生的综合评价改革提供了新的突破口和切入点。本章将分别对综合素养以及综合素养评价的相关政策文本和文献资料进行梳理分析，厘清两者的核心概念内涵，助力基础教育评价改革。

■ 一、为何要关注综合素养

本节将对综合素养及综合素质、核心素养这三种学生综合评价的相关概念在我国教育政策文件中的发展脉络进行回溯梳理，并对综合素质和核心素养的概念内涵进行辨析。在此基础上，提出"综合素养"这一新概念，赋能学生综合评价。

⬡（一）综合素养是我国教育一直关注的话题

随着我国国民素质的普遍提高，基础教育阶段学生素质培养方面的综合性逐渐受到重视。21 世纪以来，为破除"唯分数"评价方式、落实立德树人根本任务，我国教育界和学术界一直在探索学生综合评价的新理念和方法体系，倡导以创新评价方式为手段，推进我国基础教育评价的改革和创新，力求实现科学、专业、客观的教育评价。

以"学生综合评价"为关键词对我国相关政策文件进行回溯梳理，我们发现，"综合素养"及其相关概念在政策文件中早有显现，呈现出从"综合素质"转换为"核心素养"再转换为"综合素养"的发展脉络。改革开放初期提出"推进素质教育"，目的是全面提高国民素质，以适应社会主义现代化建设。1985年，邓小平同志在第一次全国教育工作会议上就提出了"积极推进素质教育"。1999年，中共中央、国务院颁布了《关于深化教育改革，全面推进素质教育的决定》，文件中强调"高考科目设置和内容的改革应进一步突出对能力和综合素质的考查"。这是我国首次在官方文件中提出"综合素质"一词。2002年，教育部发布《关于积极推进中小学评价与考试制度改革的通知》，指出要从德、智、体、美等方面综合评价学生的发展，并把发展学生的"综合素质"目标概括为"基础性发展目标"和"学科学习目标"。其中，"基础性发展目标"又分为道德品质、公民素养、学习能力、交流与合作、运动与健康、审美与表现六个方面，这是首次对我国学生综合素质评价维度进行原则性规定。2004年，教育部印发《国家基础教育课程改革实验区2004年初中毕业考试与普通高中招生制度改革的指导意见》，该文件首次明确提出了"综合素质评价"，随后出台的多个官方文件均呼吁建立并完善综合素质评价制度。

随着教育变革和社会的不断发展，对学生综合评价的相关概念描述从"综合素质"逐渐转换为对人的"核心素养"的关注。2014年，教育部印发的《关于全面深化课程改革落实立德树人根本任务的意见》中，从课程改革的视角强调关注学生"核心素养"的发展，并指出"教育部将组织研究提出各学段学生发展核心素养体系，明确学生应具备的适应终身发展和社会发展需要的必备品格和关键能力"。值得关注的是，2020年10月，中共中央、国务院印发的《深化新时代教育评价改革总体方案》中，强调学校要认真开展学生的品德评价，提出要"创新德智体美劳过程性评价办法，完善综合素质评价体系"。"综合素质"这一概念又进入基础教育评价改革领域之中。2022年3月，教育部印发的《义务教育课程方案和课程标准（2022年版）》指出，义务教育要培育有理想、有本领、有担当，德智体美劳全面发展的社会主义建设者和接班人，其中也强调了对义务教育学生全面、综合发展的关注和要求。

　　通过梳理综合素养的相关概念在我国政策文件中发展的历史脉络，我们可以发现，对于基础教育阶段学生的综合评价的描述在政策文本中呈现出"综合素质"与"核心素养"交替出现的情况。而在实践层面，各个地区依据国家政策文件要求和自身实际情况构建了各具特色的多层级指标体系和多元化评价方式，并形成了德智体美劳五育并举的分立性评价结果[①]。尽管学生综合评价实践已在我国大部分地区全面铺开，但从其实际效果来看，现有工作仍普遍存在对理论概念的认识不足和实践方法的欠缺：首先，在理论概念上，综合素质和核心素养两者之间的概念和内涵各有侧重、不够全面，而且内容维度的分立性使得测评结果无法反映学生的综合表现[②]。其次，在实践方法上，

---

①　刘志军，张红霞.普通高中学生综合素质评价：现状、问题与展望［J］.课程·教材·教法，2013，33（01）：18—23.

②　程岭.纳入高等学校招生体系的综合素质评价："难为"审思与"能为"创建［J］.教育研究，2020，41（12）：111—120.

各地区在学生评价实施层面存在数据采集方式单一、分析过程不够明晰、评价结果输出片面等问题，使得测评结果的客观性、科学性、公正性和实效性受到极大挑战。总的来说，解决学生综合评价的教育实践难题还需要在理论概念和实践方法上进行双重突破。

接下来，本书将从学生综合评价的理论概念突破入手，尝试在厘清学生综合评价现有相关概念（综合素质和核心素养）的基础上，明确当下研究和改革的新趋向——综合素养——的概念与内涵，进而构建更为科学、有效的学生评价综合素养结构模型。

❧（二）从综合素质走向综合素养

在辨析"综合素质"与"核心素养"两者概念之前，本书先对"素质"和"素养"进行对比，明确两者含义的异同。首先，关于"素质"，在心理学和生物学视角下，"素质"偏重个体的先天生理条件；而教育学领域的研究者往往将其理解为"人在先天生理的基础上在后天通过环境影响和教育训练所获得的内在的、稳定的、长期发挥作用的身心特征及其基本品质结构"①，这种品质结构由个体的知识、能力和品格三者相互作用、共同内化而形成。关于"素养"，崔允漷在其研究中指出，素养是通过修习而获得的，涵盖了一个人所拥有的学识、态度、行为等内容，是个体在面对复杂情境时，综合运用所学知识、方法解决实际问题所表现出来的能力、品格与价值观念②。杨向东认为，素养超越了个体的知识和技能，是个体在特定情境中通过利用和调动心理社会资源以解决问题的能力，也指个体在解决负责的现实问题过

① 黄运平，胡琳琳，张文凯.知识、能力、品格与素质的关系及对人才培养的启示[J].湖南师范大学教育科学学报，2012，11（02）：73—75.
② 崔允漷.素养与知识、技能、能力的区别[J].基础教育课程，2018（03）：16—17.

程中表现出来的综合性品质①。世界经济合作与发展组织（OECD）于
1997 年实施的国际性教育质量测评项目"核心素养的界定与遴选"
中，提出了素养的四个基本特点：素养与特定的情境相关；素养强调
的是一种情感态度；素养是超越于能力之上的概念；素养具有不可替
代的重要性与独特性。综上所言可知，素养指"个体在真实情境下，
解决复杂现实问题过程中表现出来的综合品质或能力"，属于知识、
能力和态度（或价值观）三者的有机结合体，不仅仅是个人全面发展
的重要组成内容，也是衡量一个人综合发展水平的重要指标。因此，
总体而言，"素质"和"素养"二者并不完全等同：前者侧重从个体
身心发展规律出发，凸显学生具有个体差异性以及对于教育的可接受
性，后者则更加侧重从情境特性出发，凸显个体在长期发展的过程中
形成的综合品质，发展的内容和方向；在具体构成要素上，二者均由
个体的知识和能力构成，而品格属于"素质"的特异性成分，价值观
则属于"素养"的特异性成分。

　　在明晰"素质"和"素养"两者含义的异同之后，我们回归到
"综合素质"和"核心素养"两者的概念本身。关于"综合素质"，其
概念源自 1985 年邓小平在第一次全国教育工作会议上所提出的"积
极推进素质教育"，目的是促进我国国民素质的提高。随着教育领域
和课程教学的不断改革，我国国民素质普遍提高，基础教育阶段学
生素质培养方面的综合性逐渐受到重视，其例证是我国 1999 年颁布
的《关于深化教育改革，全面推进素质教育的决定》中首次提出"综
合素质"一词。关于"综合素质"的概念界定，研究者大多从其构成
提出其定义，即从学生的思想品德、学业水平、身心健康、艺术素养

---

① 杨向东.作为理论概念的素养及其模型构建［J］.华东师范大学学报（教育科学
版），2022，40（11）：41—57.

和创新实践五个方面的全面有机结合来界定综合素质。其中比较有代表性的定义是由学者田爱丽和严凌燕所提出的，"个体在特定情境中利用并调动心理、社会等资源以解决复杂任务的能力"①，而且该能力中蕴含着"个体的价值追求、思维方式、审美取向以及行为表现等"。此外，各省（自治区、直辖市）纷纷制定出台的学生综合素质评价实施办法，也都是围绕综合素质的五个维度细化评价内容体系②。总体而言，对综合素质的规定反映了我国对教育目标的顶层设计，关照了对基础教育阶段的内容要求。其概念聚焦于学生综合评价中具有整体性和全面性特点的内容，涵盖的是学生素质发展中的基础性成分。

反观"核心素养"一词本身，其概念诞生于世界经济合作与发展组织在1997年开展的"核心素养的界定与遴选"国际性教育质量测评项目。此后，为提升我国教育在国际视野下的核心竞争力，适应新时代背景下社会对学生发展的需求，我国研究者也开始引入并深入探讨"核心素养"这一概念。"核心素养"之意在于"核心"，着重凸显的是学生必备素养中的中心或主要组成部分，其一般被定义为个体"在特定情境中成功应对复杂需要的能力……它需要调动知识、认知和技能以及情感、态度、价值观和动机等社会心理资源"③。核心素养在其他国家和国际组织教育体系中也有出现。目前，各国家、地区和国际组织的核心素养内容体系主要包含三个维度：与文化知识有关的

① 田爱丽，严凌燕.高校综合评价招生的理论、实践与展望——以上海市高考综合改革试点学校为例［J］.华东师范大学学报（教育科学版），2018，36（03）：69—78.
② 柳夕浪.一些流行的学生综合素质评价模式亟待纠偏［J］.人民教育，2023（02）：40—42.
③ 郭宝仙.核心素养评价：国际经验与启示［J］.教育发展研究，2017，37（04）：48—55.

素养、与自我发展有关的素养和与社会参与有关的素养①。如新加坡以核心价值观、社交与情绪管理技能、公民素养、全球意识和跨文化交流技能、批判性创新性思维、交流合作和信息技能等六个维度建立了核心素养评价体系。"21世纪核心素养"框架中包括了文化理解与传承素养、审辨思维素养、创新素养、沟通素养、合作素养五个方面。总体而言，核心素养属于人才培养层面的概念，关注的是教育要培养什么规格和质量的人的问题，是对学生未来发展必备品格和关键能力的认知和评价，关注学生素养中的必要组成部分。

综上，尽管综合素质和核心素养两者均是对"教育要培养全面发展的人"的有力响应和探索，其终极目标都是构建素质教育新模式和落实立德树人根本任务，但其出发点和理论视角仍有所差异，在侧重点和范畴上有所不同。在实践层面，针对目前学生综合评价相关的两个理论概念的认识和应用仍存在局限性和不足，主要体现为两者在概念内涵上具有模糊性、内容维度上具有分立性，因此难以确定综合评价的范畴，以反映学生的综合表现。基于此，构建新的学生综合评价体系已成为学生评价领域的共识。"社会治理与智慧社会科技支撑"重点专项2021年度项目申报指南首次针对学生综合评价使用了综合素养测评术语，期待构建一套以其为核心的新型测评理论与方法体系，以破除现有学生综合评价实践的顽疾和劣势②。本书在此基础上对综合素养术语的内涵进行科学界定，以期推动综合素养评价实践工作，赋能学生综合评价。

---

① 张红霞，侯小妮.综合素质与核心素养辨析［J］.上海教育科研，2020（05）：15—19.

② 柴唤友，陈丽，郑勤华，等.学生综合评价研究新趋向：从综合素质、核心素养到综合素养［J］.中国电化教育，2022（03）：36—43.

● （三）什么是综合素养

根据前文对综合素养相关概念的基本阐述，本书认为，综合素养代表个体广泛适应现实生活中的各种变化与挑战所必须具备的能力与品质。作为一种新型测评理论的核心概念，综合素养应该具有一些明显有别于传统综合素质和核心素养的新内涵，以弥补传统学生综合评价在概念内涵上的不足，响应教育评价改革的时代需求。但从现有的研究内容看，"综合素养"这一概念主要被应用于高等教育与教师教育领域，如田爱丽在其研究中指出，教师的综合素养包含教师的学科素养、教育教学素养、信息技术素养及教育智慧和艺术四个维度[①]；王芳等学者根据研究生综合素养的概念内涵和构成要素，提出研究生综合素养培养课程建设应包括思想政治素养、学术素养和职业素养三大模块[②]。在教育领域之外，综合素养也被用来描述与某种特定职业密切相关的各种能力的集合，如吴红梅认为，自媒体创业者的综合素养涵盖沟通能力、文字敏感能力和新事物捕获能力三个方面[③]。在基础教育领域中，综合素养这一术语虽然已被相关研究者提及，但其总是和综合素质、核心素养等相关概念交替出现甚至互换使用，在概念本质上并未超出传统学生综合评价的范畴[④]，因此并不符合学生综合评价的时代新需求。为推动综合素养测评实践工作的诞生、发展、成熟和完

---

① 田爱丽. 翻转课堂教学模式下教师角色转变与综合素养提升 [J]. 教师教育研究，2015，27（05）：84—88.

② 王芳，樊雅娟，章小清，等. "双一流" 背景下研究生综合素养培养课程建设探索——以同济高等讲堂为例 [J]. 研究生教育研究，2022（03）：38—43.

③ 吴红梅. 自媒体创业者特点与综合素养分析——基于10个案例的观察 [J]. 新闻与写作，2018（11）：97—99.

④ 王丽华，于胜男，刘帅. 基于学生综合素养发展的主题式综合实践活动探究 [J]. 创新人才教育，2016（02）：16—19.

善，我们必须首先科学界定综合素养的内涵。

本书在柴唤友等学者对综合素养的认识阐述基础上，将综合素养界定为学生在受教育过程中形成的跨越学科的基础知识、关键能力、必备品格和深层价值观的个性化有机融合①。这一界定体现了综合素养的四个特点：第一，综合素养具有整体综合性。综合素养的内涵极为丰富，结构复杂，并非是综合素质评价中"五育"内容的简单组合，而是一个由各类素质通过有机融合形成的全面、综合的整体，其内容难以通过简单分立和合成来进行理解。第二，综合素养具有个体独特性和个体差异性。综合素养评价的目标对象是学生，他们是一个个活生生的人，任何两个个体之间都会在基础知识、关键能力、必备品格和深层价值观等方面表现出一定程度的差异。因此绝不能采用传统的分数向度对学生的综合素养进行评价，而要突出个性化取向，体现个体的差异性和多样性。第三，从构成要素上讲，综合素养包含了个体的知识、能力、品格和价值观四种有机成分，其中，通过教育获得的知识是后三者的基础性成分。值得说明的是，综合素养中的知识并不等于学科知识，而是强调个体的跨学科知识体系和知识集合。小学生综合素养需要注重实践性和应用性特点。小学生的认知能力和思维能力还不够成熟，他们更加注重实际操作和体验。第四，就综合素养与传统学生综合评价相关概念的关系来看，综合素养同时包含学生素质发展中的基础性和必要性成分，但并非二者的简单叠加，而是二者的有机融合，既包含了综合素质中的德智体美劳"五育"要素，也吸纳了核心素养中与个体自我发展相关的素养成分。相比于综合素质，综合素养更加凸显素质教育中的"综合性"成分；而相比于核心素养，综合素养涵盖的素养内容则更为全面。

小学阶段是个体进入正式学校教育的第一站，也是个体综合素养培养的重要起点。因此，在小学阶段关注并落实学生综合素养的培养非常重要。通过教育培养个体的综合素养，使其具备持续学习、生活发展、参与社会生产所需的必备品格和关键能力，从而增强个体的核心竞争力，满足教育的不断变革和社会的飞速发展，成为适应国家发展需要、具有创新和实践能力的现代人才。

■ 二、如何评价综合素养

本节将对我国关于综合素养评价的相关政策和各地区层面的具体实践进行梳理和分析，从宏观层面和中观层面探索综合素养评价的内涵，最后落脚微观层面，探讨综合素养评价的本质，为教师在教学实践中实施综合素养评价、建立以综合素养评价为基础的教学方式提供理论依据。

● （一）相关政策与实践

以学生综合评价为关键词，对我国和综合素养评价相关的政策文件进行梳理，我们发现这些政策文件的演变呈现出三个阶段。

第一阶段是概念提出阶段。1999 年，"综合素质"一词首次出现在国家层面的正式文件中。2004 年，教育部印发的《国家基础教育课程改革实验区 2004 年初中毕业考试与普通高中招生制度改革的指导意见》第一次明确提出了"综合素质评价"这一概念，国内教育由此展开了对学生综合评价的理论与实践探索。

第二阶段是探索阶段，呼吁建立学生综合评价制度。例如，2007年教育部《关于做好 2007 年普通高等学校招生工作的通知》中提到

"要逐步建立并完善高中学业水平考试和综合素质评价制度"。2010年，中共中央、国务院印发的《国家中长期教育改革和发展规划纲要》提到"全面提高普通高中学生综合素质"，"全面实施高中学业水平考试和综合素质评价"，推动了素质教育在高中阶段的全面实施，指导和促进了中国教育的改革和发展。2013年，教育部印发的《关于推进中小学教育质量综合评价改革的意见》则开始关注中小学，指出要"建立分类考试、综合评价、多元录取的考试招生制度，更加注重对学生综合素质和兴趣特长的考查"。

第三个阶段是深化阶段，要求构建学生综合评价的标准并完善评价方法与程序。例如，2014年教育部发布的《关于加强和改进普通高中学生综合素质评价的意见》提出普通高中学生综合素质评价的重要意义、基本原则、评价内容、评价程序等。教育部印发的《关于全面深化课程改革落实立德树人根本任务的意见》指出，"将组织研究提出各学段学生发展核心素养体系"。2020年颁布的《深化新时代教育评价改革总体方案》指出，要"创新德智体美劳过程性评价办法，完善综合素质评价体系"，其中也强调了对基础教育阶段学生全面、综合发展的关注和要求。

在一系列政策的指引下，我国各地区也积极开展中小学生综合素养评价活动，以关注学生在认知、情感、态度和行为等方面的全面发展和协调性发展，关注学生正确的价值观、关键能力和必备品格的建构和形成。上海市也颁布过一系列与综合素养评价有关的教育政策，如"绿色指标"评价、"等第制"评价和"基于课程标准"的评价等。2011年11月，上海市教育委员会决定实施《上海市中小学生学业质量绿色指标（试行）》，其中包含学生学业表现、学习动力等十大指数，开展了对学业质量综合评价的实践探索，构建了中小学生学业质量绿色指标评价体系。"绿色指标"以关注学生健康成长为核心价值追求，树立了正确导向的学业质量观和评价观，力争克服因片面追求升学率导致的负面影响，为学生全面发展健康成长提供了"绿色生态"。2013年，上海市教育委员会在小学一、二年级的语文、数学、英语中实行基于课程标准的"等第制"评价，学生的学习质量不再由书面考试的分数决定，而是由教师在日常观察、书面测验、口头测验、课堂提问、作业分析、学生访谈、过程记录、表现性任务中进行"打分"，这种"打分"不是百分制打分，而是由 A、B、C、D 或者优秀、良好、合格、需努力等代替。2016年9月，上海市教育委员会将基于课程标准的"等第制"评价推广至小学中高年级语文、数学、英语三门学科中，同时低年段"等第制"评价还从语数外扩展至所有学科。"等第制"评价方式既基于学生的学科成长，也关注人的综合素养的发展，鼓励所有的孩子超越自我，进入更好的学习状态。2024年3月，上海市教育委员会发布《上海市义务教育质量绿色指标评价实施方案（2024年修订版）》（简称"绿色指标"3.0版）。在充分吸收"绿色指标"1.0版和2.0版经验成效的基础上，对标、对照"建设教育强国，基点在基础教育"等要求，以树立科学的人才观、成才观、教育观，营造健康的教育环境和生态为目标，在聚焦关键要素评价、优化评价方式、强化评价结果运用等方面进行了改革升级。"绿色指标"3.0版更加聚焦评价导向，以科学评价引导学生全面发展，设计了"品德发展""学业水平""身心健康""审美素养""劳动素养"等考查要点。新增道德与法治测评，新增"劳动素养"测评，在测评过程中贯彻五育并举，促进五育融合。同时，优化了"身心健康"指标中对心理状况的考查；新增"人际关系"测评指标；进一步完善与"社会与情感能力"有关的测评指标，改进相关指标中对"交往能力""协作能力""情绪调节能力"等相关监测点的测评；对原有的"科学"学业水平测试进行迭代升级，增加"工程与技术素养"内容，强化对学生科技素养的测评。同时增加"创新素养"测评。可见，随着教育改革的推进，我国对于学生综合评价的认识逐渐深入，意识到传统评价方式中存在诸多弊端，更加明确了以促进学生全面发展为目的的评价目标。

关于综合素养评价的概念，肖远军在《教育评价原理及应用》一书中提出，学生综合评价是根据一定的质量标准，对学生学习和发展进行系统分析后，做出总体价值判断的过程[①]。王淑华在《浅谈小学生综合素质评价》中指出，学生综合素质评价的目的是让每一位学生养成良好的学习习惯，掌握自主学习和合作探究的方法，积极参与各种活动，在进步中感受到成功的喜悦，增强学习自信[②]。在综合素养评价中，教师不单纯是为了打分，而是为了培养学生的自主评价能力，反思学生学习的成就和进步，诊断学生在学习中存在的问题，及时调整和改善教学，全面了解学生的学习历程，帮助学生认识自己的长处和不足，使学生形成正确的学习预期，积极的学习态度、情感和价值观。

●（二）综合素养评价的本质

综合素养评价既是一种评价观念，归根结底也是一种评价方式。由于对综合素养评价的不当认识，在现实推广和实施中产生了种种不容忽视的问题：第一，把综合素质评价看作是传统纸笔测验的简单延伸，不改变评价理念和方法，只是增加评价内容，即由片面地评价学

---

① 肖远军.教育评价原理及应用［M］.杭州：浙江大学出版社，2004.

② 王淑华.浅谈小学生综合素质评价［J］.才智，2008（12）：209，173.

科知识和技能延伸到评价学生的基础知识、关键能力等"综合素养"。这种观点和做法实际上是变相支持和捍卫传统的知识本位的"应试教育"评价体系，非但不能解决"应试教育"的积弊，反而起到了推波助澜的作用。第二，将"综合素养"理解为学生基础知识、关键能力、必备品格等各方面素养的组合，其中每一类素养又被机械地分为若干子目标，并以这些子目标为"观测点"，对每位学生分别进行评价，给出分数或等级。显然，这种分数向度的观点和做法违背了综合素养评价的本质，背离了评价学生的"人文向度"，忽视了每一个学生个性发展的独特性和差异性，无法实现我国教育评价的根本变革①。为解决实践层面中的以上问题，本书对综合素养的本质进行重新梳理，以促进对综合素养的理解和评价体系的建构。

第一，综合素养评价是对个体的个性发展评价。素质教育的目的和意义，不在于培养具有某种或某些"素质"的人，如"创新精神""实践能力"等，素质教育在本质上是尊重每一个人个性发展的独特性与整体性并促进其实现的，即追求人的个性发展的独特性与整体性的教育②。因此，综合素养评价的本质应该是个性发展评价，综合素养评价的过程是促进学生个性发展的过程。这一观点的主要体现是，综合素养评价的对象是每一个学生的个性整体。根据前述综合素养的概念界定可知，综合素养不是各类素养的简单组合，不是"整体与部分"之间的关系，而是发现不同素养间的内在联系，并使之有机融合，形成学生的个性整体。因此，综合素养评价要求基于整体性和复

① 李雁冰.论综合素质评价的本质 [J].教育研究与评论（中学教育教学），2016（08）：91.
② 李雁冰.关于素质教育评价的理论问题 [J].教育发展研究，2009，29（24）：26—31.

杂性思维评价每一个学生。只有将某种或某些素质与每一个学生个性发展的整体联系起来的时候，教育评价的意义才可能产生，这要求教育者要发挥教育智慧，在学生的每一种素养之间建立有机关联，帮助学生的个性获得发展。这是综合素养评价的一个重要基点。

　　第二，综合素养评价是表现性评价。基于综合素养的学生评价，需要构建一个"更平衡、更综合的评价体系"，这样的评价体系应当能很好地体现综合素养所描绘的学习结果，包括基础知识、关键能力、必备品格和深层价值观，这就要求我们必须超越传统的书面考试评价方式，采用"能检测学生的认知思维和推理能力以及运用知识去解决真实的、有意义的问题的能力"的表现性评价[①]。相较于传统的书面考试评价方式，表现性评价是对学生"能做什么"的直接评价。传统的书面考试是通过对学生在书面考试中的表现来间接地考查其基础知识和基本能力，但这种方法只能测量学生"知道什么"，但不能评价学生"能做什么"[②]。因此，表现性评价是实施综合素养评价的重要途径。其中包括以下两点内涵：首先，综合素养评价不仅评价学生行为表现的结果，更重要的是评价学生行为表现的过程。在综合素质评价的设计环节，不仅要关注学生对特定学习内容或任务所获得的结论，还要关注学生解决问题的过程及策略。综合素质评价的设计一定致力于让学生在学习活动中展开其学习或思维过程，呈现出其解决问题的过程和策略。教育者应当欣赏每一个学生对学习同一项内容、解决同一个问题的不同学习方式、思维风格和独特理解。相较于对学习结果的评价，综合素养评价植根于鲜活的教育过程，更加关注针对学

①　周文叶.中小学表现性评价的理论与技术［M］.华东师范大学出版社，2014.
②　周文叶.论表现性评价在综合素质评价中的运用［J］.全球教育展望，2007（10）：54—58.

生学习过程或解决问题过程的评价。这与表现性评价的本质十分契合，表现性评价强调学生的实际表现及学习历程，而不仅仅是学生最后取得了多少成绩，是一种全面、综合的评价。其次，综合素养评价允许学生选择适合自己的表现形式，以展示自己的学习特长和个性独特性。每一个学生都是独立有个性的个体，有表现自己见解和经验的独特方式。综合素养评价恰恰为每一个学生选择自己喜好的表现方式提供了空间[①]，从而能够更加全面地对每个学生做出评价。

---

① 辛涛，张世夷，贾瑜.综合素质评价落地：困顿与突破［J］.清华大学教育研究，2019，40（02）：11—16.

第二章　故事情境教学法的概念与应用

　　上海市浦东新区万科实验小学在多年的教学实践中发现，故事具有情节性、趣味性，能体现学生主体的主动性以及展现评价活动的综合性，更适合小学低年级学生。让学生在故事情境中通过角色扮演等形式完成评价任务，更能够调动学生的学习自主性和积极性，缓解学生的焦虑和紧张情绪。此外，借助故事情境，教师可以将多个学科的内容进行整合，使得评价任务具有全面性、系统性和综合性，更有利于评价学生的综合素养。因此，本章将对故事情境教学的相关概念进行分析，以探索在小学低年级阶段，如何基于故事情境设计并实施综合素养评价。

■ 一、何谓故事情境教学法

　　本节将在既有研究的基础上，对故事情境的概念进行总结凝练，并详细介绍故事情境教学法的产生、演变和发展，明确故事情境教学的特点和意义，以帮助教师系统了解故事情境教学，从而能够融合故事情境进行教学设计，探索基于故事情境的小学生综合素养评价实施方法与策略。

❡（一）什么是故事情境

　　故事，是指通过叙述的方式，讲述一个带有寓意的事件，侧重对事件发展过程的描述，强调情节的生动性和连贯性，是大家喜闻乐见的一种精神文化产品①。故事的呈现方式是多种多样的，可以口头讲述、文本阅读或实际演绎，可以单独呈现或是与其他类型的情境结合。故事的来源十分广泛，既包括现今或以往、自己或他人的生活经历中已经发生的事情，也包括通过想象创设出来的故事。

一直以来，故事也被用作一种教育资源，用来支持儿童社会化和情感能力的发展。通过在故事中展现各种情景，教导儿童如何处理冲突、承担责任、与人合作，支持儿童语言和审美能力的发展。故事为儿童提供了一个非正式经验的世界，儿童可以在故事世界中建构起非正式的知识经验，这为发展出正式的、概括化的知识理解奠定了基础。陈宜彦学者认为，在故事情境中学习，信息能被更为有效地掌握和记忆②。基于此，不少研究者提议在教学中使用"故事情境"，以故事为主要的教学素材，对故事进行搜集、选择，呈现和分析故事，并开展评价。国外研究者也同样认可故事在教育教学中的价值。例如，戴文德森认为故事应用到学科教学中，可以将知识和课程变得具体化、系统化，是一种创设课堂情境和氛围的方式，是一种常规的交流工具和教学手段。目前，国外的教学领域中对故事的使用有两种模式：一种是"瑞克故事模式"，这种模式包括确定单元学习目标、叙述主题单元相关的故事、探讨并发展故事情节、发展现在的故事、规划未来的新故事等五个步骤。另一种则是劳里岑和耶格的"叙事课程模式"，由目标、叙事脉络和教学理论构成。这种模式既强调教学目

---

① 曹艳，李红.论故事情境教学的意义及实施应用［J］.现代教育科学，2012（06）：50—52.

② 陈宜彦.把握教学目的　减轻课业负担　提高教学效率［J］.甘肃教育，1995（11）：20.

标的导向作用，又强调叙事脉络、探究和解答彼此衔接的过程。

关于故事情境的概念界定，不同学者持有不同观点。王妙芝认为，故事情境是以故事为手段的教学形式，教师需要根据教学目标创设具体、生动、完整的故事情境，让学生在有背景、有情节、有人物、有起因的故事中学习相应的教学内容，并且设计趣味的活动与多样的学习方式，重点培养学生的语言实践能力[①]。曾如钰认为，故事情境是最为自然和组织化的教育内容集合体，蕴含丰富的教育信息内容，能够通过一些与课堂主题有关的故事，将学生带入故事情境中，提高学生上课的积极性并且达到教学目的，使学生在听故事的时候理解课程重点，掌握课堂知识[②]。杨学艳在其研究中表示，故事情境教学是一种寓教于乐的教学方式，让学生从故事中感受道理，掌握知识[③]。

尽管国内学者对于故事情境的定义不同，但是综合来说，故事情境是运用故事这一独特的精神文化产品，根据故事内容来创设情境以进行情境教学的一种教学方式。具体而言，故事情境教学是以一个故事作为整节课程的主线，在这个主线内创设几个合理的、有衔接过渡的子情境以进行情境教学，这些子情境环环相扣，相互联系，推动课堂教学层层递进发展。学生在子情境中进行合作学习或探究学习，每完成一个子情境中的教学任务，故事便会往下一步发展，而这些子情境的教学形式可以是多样化的，如借助图片、音乐、角色扮演等来创设情境，让学生置身故事情境之中，调动学生一定的态度和情感体验，使其乐于参与课堂活动，完成教学任务。

---

① 王妙芝.小学低年级英语故事教学实施策略的个案研究［D］.重庆：西南大学，2008.

② 曾如钰.故事情境教学法在初中生物教学中的实践［D］.开封：河南大学，2021.

③ 杨学艳.如何运用故事教学法［J］.小学教学参考，2013（09）：47.

综合以上认识和阐述，本书将故事情境界定为："是教师有目的地引入或创设的，具有一定情绪色彩的、以形象为主体的生动具体的故事场景。这种故事场景能让学生身临其境，促进思维，激发情感共鸣，从而充分调动学生的主动性和积极性，让其体验、感悟和成长。"

（二）在教学中使用故事情境

故事情境教学法是一种新型的教学方法，起源于情境教学法。从某种程度上讲，故事情境教学法是情境教学法的一种。情境教学是指教师以情感的体验为纽带，以积极的思维方式为核心，运用图像、生活经历、讲故事等方式创设情境，使学生在特定的情境中激发主动学习的兴趣，从而提高学习效率的教学方法[①]，强调让学生在情境中感受，在情境中思考讨论，促使学生最大限度地参与课堂教学；故事情境教学法则是在情境教学法的基础上，将故事与情境教学有机融合发展出的一种教学方法。

在国外，情境教学一直是教学研究的重点，情境教学最早可以追溯到苏格拉底的"产婆术"[②]。苏格拉底认为，教师不可以将答案直接告诉学生，而应当通过创设有意义的情境，增加教学的趣味性，引导学生置身于情境中，积极主动地思考问题并得出解决问题的思路。美国著名教育家杜威提出了"学校即社会"，主张教育应当让学生经历生活实践活动从而得到成长[③]。真正系统地提出"情境教学"概念的是美国学者布朗等人。1989 年，布朗、科林斯和杜吉德发表了著作《情

①　朱娜.多元情境促进学生语文深度学习的发生［J］.中国教育学刊，2021（11）：105.

②　张天明.中国传统教学思想研究的百年沉浮（1912—2014）［D］.南京：南京师范大学，2020.

③　张梦月.卢梭自然主义德育思想研究［D］.苏州：苏州大学，2020.

境认知与学习文化》，首次提出了情境教学理论 ①，并指出了知识与情境之间存在着密不可分的联系，在教授知识时需注意与情境教学相结合。此后，学者们对情境教学理论的研究逐渐丰富，对教学设计、教学模式和教学策略等方面都进行了充分探讨，并将研究结论应用到具体教育改革实践中。这些研究成果对于情境教学的相关研究具有借鉴意义，为后续故事情境教学法的提出奠定了理论基础。

最初将故事应用在教学领域中的方法叫作"故事教学法"，起源于皮亚杰在其著作《儿童的道德判断》中提出的"故事法"。皮亚杰表明，故事法对儿童的认知发展有促进作用。此后学者们开始探索将教学知识融入故事的教学方法，即"故事教学法"。英国著名的英语教育专家威廉·史密斯教授就倡导运用故事教学法进行教学，通过设计完整的故事情节吸引学生的注意力，提升学生的学习兴趣，并且将教学的知识点与故事情节相融合。英国学者格拉斯哥发明了"故事线"教学法。这种教学法刚开始主要用于小学课堂的教学，后来也用在跨学科的教学中。"故事线"教学法以学生为中心，具有提供交互性的语言学习环境，将语言和认知能力整合、激励学生、适用于不同语言水平的学生的特征。基尔希和阿尔奎斯特认为，"故事线"教学法的核心是让学生成为故事线里的主人公，顺着故事线完成故事。这些故事通常与学生已掌握的知识有关。但可以看出，故事教学法与故事情境教学法仍存在较大的差异，前者突出教学知识与故事内容的结合，而后者则强调以一个故事作为课堂教学的主线，通过创设情境进行教学，更加凸显课堂的整体性、连贯性和衔接性。真正提出故事情境教学法的是英国学者古德温，他受情境教学法的启发，提出将故事作为

---

① BROWN J S, COLLIN A, DUGUID P. Situated Cognition and the culture of learning [J]. Education Research, 1989, 18 (01): 32—42.

课程的主要题材，把故事情节穿插到教学过程中并创造故事情境，以达到教学目的，对故事情境教学法进行了系统的定义。此后，学者们对于故事情境教学法的研究意义进行了深刻探究。英国学者安德鲁对该教学法做出了高度评价，承认该方法是一种优秀的教学方法，对促进学生综合素质的发展具有重要意义，能够让学生在故事发展中学习知识，理解课堂内容，帮助教师达到教学目标。詹尼斯等学者对故事情境教学的教学效果进行探究发现，运用故事情境进行的教学，学生的主动学习倾向增加，且能够更加主动与他人谈论学习内容①。

　　国内关于故事情境教学法的研究源于 20 世纪，以我国教育家陈鹤琴的"故事教学法"实验研究为主。但这段时期关于故事情境教学的研究较为浅薄，多为教师的实践经验，不够深刻。自 21 世纪起，关于故事情境教学法的研究逐渐增多，研究方向也逐步完善。在具体的教学方法上，我国学者纪玉华等在 21 世纪初提出了外语教学中的"三文治故事教学法"。这一教学法的原理是，将词语融合在句子中进行讲解，将句子融合在篇章中进行讲解，将整个篇章围绕着故事的主题进行讲解②。通过这样的三层"嵌套"，使学生能够更容易理解故事，从而达到学习英语的目标。这种教学方法在教材内容与英语初学者之间架起一座桥梁，使低水平学习者对英语学习产生兴趣，促进学生对知识的理解和记忆。在对故事情境教学法的认识和理解上，魏悦认为，故事情境教学法通过故事情境设计使学生产生学习兴趣，获取最佳注意力，再在理解、尊重的基础上，使学生积极参与课堂活动，以

---

① JENNINGS C M, JENNINGS J E, RICHEY J, et al. Increasing interest and achievement in math ematics through children's literature ［J］. Early Childhood Research Quarterly, 1992, 7 (02): 263—276.

② 纪玉华，许其潮. 从重复和记忆的关系看"三文治故事教学法"［J］. 外语与外语教学，2000（08）：42—45.

提高学生的学习兴趣，并总结出故事情境教学法的以下三种特点：注重课堂连贯性和整体性；着重体现"生本课堂"模式；以故事作为主要教学媒介 ①。关于故事情境教学法的教学原则和理念，陈淑娟学者认为，该种方法的应用原则为真实性原则、趣味性原则和针对性原则 ②。田娟等人认为，在教学中运用故事情境教学法时需要做到选材多样且与课程相辅相成，同时对教师自身也有要求，课前准备要充分，营造良好的课堂氛围，调动学生积极性，并且由于教学方法的特殊，教师在对课程内容了解的基础之上还需要不断地学习，拓宽知识面 ③。故事讲述完成后，教师还应重视延伸活动，如引导学生探讨复述故事主要情节，鼓励学生参与故事表演，用自己的理解进行记忆等 ④。

综上，国内外学者们关于故事情境教学法的理论研究和探索为我们在教学中应用这一方法奠定了理论基础。尽管关于故事情境教学法的认识理解、作用功能、应用原则已经有了十分详尽的研究成果，但关于该教学法在实际教学中的应用，及其与综合素养评价的关联仍需要我们进一步探索。

（三）故事情境教学的意义

1. 激发学生的学习兴趣和学习动机，促进学生主动学习

兴趣是学生最好的老师。学生只有对学习产生兴趣，具备学习的内在动机，才能够在学习中产生强烈的学习积极性。而故事情境教学法就是通过有趣的故事情境，增强了课堂教学的趣味性，有效唤醒了

---

① 魏悦.故事情境教学法在中等职业学校英语教学中的应用研究［D］.秦皇岛：河北科技师范学院，2021.

② 陈淑娟.小学语文教学中故事教学法的应用解析［J］.读书文摘，2015（20）：264.

③ 田娟，牛跃辉.故事教学法的应用原则及策略［J］.科技信息，2013（18）：151.

④ 霍仙丽.儿童道德教育中的故事法探析［D］.广州：华南师范大学，2007.

学生的求知欲。教师借助故事情境开展教学活动，生动、形象、直观的故事情境更符合学生的心理认知以及小学生的年龄特点，学生在好奇心的驱使下会有目的地进行学习，大大提高学习效率。同时，还可以通过故事情节引起学生共鸣，让学生通过故事中的情节感受故事情境所表达出来的丰富情感，从而对学生的综合素养进行培养。

国内一些学者对于故事情境教学法能够提高学生的学习兴趣也进行了相关探讨。曹艳等通过研究认为，故事情境教学法能够实现全人教育，有助于推动教学改革，提高学生的学习兴趣和学习内部动机，促进其进行有意义学习，有利于学生进行知识迁移[①]。郑玉梅在其研究中提出，以一种富有情景化、创意化的方式展开数学课堂的教学，即将数学课程内容故事化，让学生能够通过讲故事参与课堂学习，改变了传统数学课堂枯燥的学习环境，能够有效地激发学生对数学知识的学习热情，提高学生对数学学科的兴趣和课堂参与度[②]。

2. 建立民主、平等的师生关系，营造良好的教学氛围

在传统教育教学中，教师和学生地位的不平等，导致师生之间难以实现真正的沟通与交流，无法实现学生的主体地位。故事情境教学倡导的是一种超越主体的关系型思维方式，在这种思维方式下，教师、学生、知识不再是互相独立、封闭的个体，而是通过故事情境融合成为一个相互影响的辩证发展的整体。在课堂故事情境中，教师和学生是自由的，可以在生动、开放的情境中进行沟通和交流，有利于学生充分展露自我，发挥学生主体性，在交流互动中发展自身的知识、能力、品格和价值观，培养学生的综合素养。在这样的教育教学

---

① 曹艳，李红.论故事情境教学的意义及实施应用［J］.现代教育科学，2012（06）：50—52.

② 郑玉梅.巧用数学故事，唤醒课堂活力［J］.天津教育，2022（16）：86—88.

过程中，学生作为独立的主体，能够更加积极地参与教学活动，在与教师相互尊重、合作、信任中全面发展自己。因此，故事情境教学法有利于在师生之间建立民主、平等的关系，营造积极的教学氛围。

3. 促进学生的有意义学习，提高教学效果

故事情境教学法能够让学生在探究问题的过程中自主理解知识、构建意义，引导学生合作探究，在层层递进的问题链中实现主动学习，培养学生的综合素养和探究能力。教师通过主线故事创设出一系列生动直观的故事情境，其中包含了丰富的信息刺激，能有效地激发学生的联想和想象、唤醒学生长时记忆中的相关知识和经验，促使学生利用原认知结构中的这些相关经验去"同化"或"顺应"新知识，以赋予其某种意义，并对原认知结构进行重组和建构。此外，较复杂的故事情境往往会涉及一个问题的不同侧面，进而会帮助学习者对知识形成多角度的理解。

■ 二、故事情境教学法的应用

在明确故事情境教学法的概念内涵和意义之后，还应当了解故事情境在课堂教学中的应用策略。因此本节在既有研究的基础上，对故事情境教学法如何应用于学科教学进行探讨，并分析故事情境教学法与学生综合素养评价的适切性，为探索在日常教学中开展基于故事情境的综合素养评价活动提供理论基础。

❀（一）故事情境教学法在学科教学中的应用

故事情境教学法是一种新型的教学方法，许多学者及一线教师对该教学法的应用都进行了深入研究并提出了自己的观点。

范学义将故事情境教学法运用到小学语文教学中，并提出了相应

的教学策略① ：首先，将教学内容同故事结合。例如，教师在讲《静夜思》时，学生可能因为理解能力有限而难以充分想象诗人望月思乡的场景，无法体会诗中情感，此时教师可以根据诗的内容展开想象，向学生述说李白思乡的故事，让学生代入李白望月思乡的情境之中，通过讲故事调动学生的学习兴趣，帮助学生理解诗人的思乡之情。其次，让学生代入语文故事中的角色。运用故事情境教学法，让学生扮演故事中的角色，通过真实的故事情境重现课文中的场景，让学生更加真实地感受文中角色的思想。再次，巧用多媒体辅助教学。教师运用故事情境教学时，可以适当采用多媒体技术辅助教学，呈现更加直观的故事场景，让教学内容更加具象化，促进学生的学习和自主探究。最后，可以引导学生依据教材进行故事编写。故事续写或编写可以给予学生一定的想象空间和表现机会，既充分锻炼了学生的智力，又可以培养学生的想象力，促进学生的个性发展。

高雪勤将故事情境教学同小学英语学科相结合，提出三条有效应用策略② ：第一，通过故事表演培养学生的语言理解能力。在故事情境中让学生模拟对话，锻炼英语口语表达能力，能够让学生在语言实践运用中加深理解，举一反三。第二，利用故事情境生发师生之间的有效互动。传统的英语教学更多的是以教师讲授为主，学生课下以"记、背"的方式进行巩固复习，而故事情境教学法使学生能够主动参与课堂教学，积极进行互动，学生的学习效果也大大提高。第三，构造故事情境，鼓励学生进行角色扮演。教师可以选择学生喜爱的故事情节或者他们感到好奇的生活现象，利用多媒体课件、词卡等容易

① 范学义. 故事教学法的有效运用［J］.小学科学（教师版），2015（03）：53.
② 高雪勤. 核心素养背景下小学英语故事情境教学法的应用［J］.英语广场，2021（19）：134—136.

吸引学生注意力的方式进行故事情境的创造，丰富课堂教学形式，让学生自由发挥想象力，使小学英语课堂更加丰富多彩。李秋丽老师也将故事情境教学法应用到小学英语课堂之中，提出从设计问题、创设情境、组织对话、合作探究、文本再构、思维导图、整合信息等活动进行故事教学①。

　　此外，还有许多学者及一线教师对于故事情境教学法在其他学科教学中的应用进行了深入研究，在此不一一赘述。概而言之，故事情境教学法不仅拓展了教学范式，使得研究成果融合了多元的教学情景，兼容了学科的知识差异，而且在综合素质评价方面拓宽了应用边界，表现出较强的适用性，这为我们进一步探索和应用新的教育方法提供了借鉴和启发。

① 李秋丽 . 基于故事教学　培养思维品质［J］. 教育实践与研究（A），2019（03）：32—36.

第三章　基于故事情境的综合素养评价的内涵与意义

在综合素养评价中应用故事情境，是以学生立场为主体，以故事情境教学法为手段，培养学生综合素质的过程。二者的结合能够使综合素养评价更加贴近学生生活和学习实践，通过情境化的方式激发学生情感和思维，全面展现其综合素养，更有效地促进学生的综合素质发展。这种理念不仅适用于多种教育理论，还在实践层面涌现出鲜活的教学经验，生成了综合素养评价指标与表现性评价内容，从而回应了时代发展需要、学校育人本位以及学生综合培养的多层次与多主体要求。从实践中来，到实践中去，故事情境法正是缘于万科实验小学建校初的教学困惑，以此启发了对于低年级学生综合素养评价的思考，后经过多轮研究与反思，我们最终将故事情境法应用于实际教学，对学校的教学质量与学生综合素质起到了显著的提升效果。

一、故事情境对综合素养评价的适切性

（一）理论依据

1. 活动课程理论

活动课程理论最早可溯源到卢梭的自然教育思想，后于 20 世纪初

经由美国教育家杜威的发展而走向成熟。这一理论将活动视为教育的核心，教师的任务是为学生提供丰富的活动环境，并积极引导学生参与，学生则通过参与各种实践活动来主动探索、建构知识。正如杜威所说："教育最根本的基础在于儿童活动能力……使儿童认识到他的社会遗产的唯一方法是使他去实践那些使文明成为其文明的主要典型的活动。"[①]

杜威分析了儿童在社交、探究、制造和艺术层面的本能，并结合儿童日常生活方式和经验引导到课堂中来，用活动来满足儿童的本能需要，如烹调、缝纫、纺织、手工、金工和木工等等。首先，这些活动课程使得儿童认识到了社会自身赖以前进的知识经验，具备实践性特点。如杜威举的一个例子，一个孩子把手指伸进火焰，这不构成经验，当他把这个行动与他会遭受的疼痛联系起来的时候，才构成知识经验，因为这时他知道把手指伸进火焰意味着灼伤[②]。由此，活动课程让学生成为主动获得者，具备主体性特点。学生自主参与课程活动，对课程进行个人设计、组织与评价，教师则尊重学生的主体地位，引导学生根据自己的兴趣和爱好自主选择活动。其次，活动课程打破了学科界限，具备综合性特点。活动过程中糅合了学科、知识和主题等，学生自主参与，在一个活动中往往能够获得多层次、多维度的成长，有利于开阔学生的知识视野，发展多元化的能力。最后，活动课程让学生进入日常生活，具备了开放性特点。活动课程往往不受时间、地点的约束，具有开放性的内容、时间与空间，师生关系也因此不再是主导与被主导、教育与被教育的单一关系。以上四个基本特点彼此扣合，突破了学科教学的范式，对于学生的综合素质提升有着重

① 赵祥麟，王承绪.杜威教育论著选［M］.上海：华东师范大学出版社，1981.

② 约翰·杜威.民主主义与教育［M］.北京：人民教育出版社，2001.

要意义。

2017 年，教育部发布《中小学综合实践活动课程指导纲要》，活动课程具象为综合实践活动，作为国家义务教育和普通高中课程方案规定的必修课程，成为基础教育课程体系的重要部分。可见，课程理论在我国已有丰富实践，并对我国教育政策制定产生了理论和实践影响（张华、仲建维，2005[①]）。活动过程理论所蕴含的方法、理念和目标与故事情境教学法高度适切。教师通过创设生动的故事情境，引导学生参与到情境中，学生通过亲身体验和参与活动，实现知识的获取和建构。在故事情境中，学生不再是被动的接受者，而是积极的参与者和思考者，他们在情境中自主探索、解决问题，培养了批判性思维、合作精神和创造力等综合素养。

2. 布鲁姆教育目标分类理论

该理论最初于 1956 年由美国教育学家布鲁姆及其团队成员提出，是最早对课堂教学目标评价的分析工具[②]。初版的布鲁姆教育目标分类理论，包括认知领域、情感领域和技能领域等三大领域，其中认知领域的发展分为六大层次，分别是知识、领会、运用、分析、综合、评价，这六个层次呈现逐级递增的单向维度，在每个层次下还附有二级类目。

自从该理论被提出以来，各国纷纷将其应用于教育领域，最常见的应用之一是将其用于课程目标和测试项目的分类，大致按照从简单到复杂、从具体到抽象的次序排列，呈现出逐层递进的概念（吴树

---

① 张华，仲建维 . 综合实践活动课程：价值分析和问题透视 [J]. 当代教育科学，2005，（ 12 ）：3—6.

② BLOOM, B S, ENGELHART, M D, FURST, E J. Taxonomy of educational objectives: The classification of educational goals [M]// Vol. Handbook I: Cognitive domain. New York: David McKay Company, 1956.

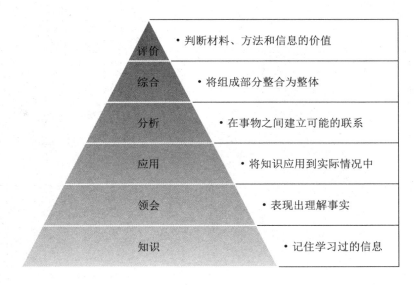

表3-1　初版的布鲁姆教育目标分类理论中的认知目标分类

芳、朱杰、王梓懿，2018[1]）。在应用过程中，初版的布鲁姆教育目标分类理论出现了局限性，如假设认知过程是单一维度的，仅仅是简单行为到复杂行为的排序。2001年，为继续发挥布鲁姆教育目标分类理论的宝贵价值，布鲁姆的学生安德森主导完成了修订版布鲁姆教育目标分类理论，他把认知目标由低到高修改为记忆、理解、应用、分析、评价、创造六个层次。从最低层级的对知识记忆，发展到对知识的理解、运用，随后能对知识进行分析，并在分析的基础上对知识进行判断，最后依据知识形成创新的问题解决方案。

概而言之，布鲁姆教育目标分类使得教师可以更加全面地评价学生的综合素养，了解他们在各个层次的学习成果和发展情况。故事情境教学法正是蕴含着多层次和多维度的教学理念与教学方法，布鲁姆目标分类理论为故事情境对综合素养评价的适切性提供了理论支撑。

---

[1]　吴树芳，朱杰，王梓懿.浅析布鲁姆教育目标分类体系［J］.教育现代化，2018，5（46）：22.

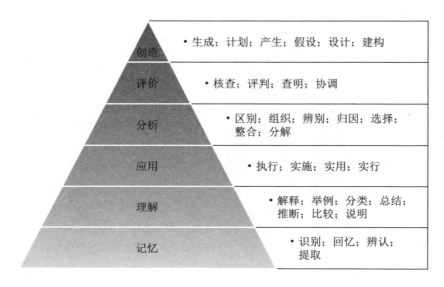

表3-2   修订版布鲁姆教育目标分类理论中的认知目标分类

教师可以通过该理论框架，结合故事情境教学法，设计出更加有效、全面的教学活动和评价方式，促进学生在多个智能类型和各个层次的素养发展。

3. 无纸化测评

无纸化测评是指将传统的纸质测评方式转变为从儿童立场出发，结合儿童的身心发展规律，具有过程性、全面性、发展性的综合测评方式。这种测评方式通过对学生进行能力、知识和技能等方面的多元评估，增强了学生学习的自信，促进学生核心素养的培育，推进了教师转变传统的教育观念，提升教研能力，为实现教学个性化、多样化评价提供了新的途径。

无纸化测评理论聚焦于学生的核心素养。目前，我国无纸化测评主要针对低年级学生，小学低年段是塑造学生学习态度和习惯的关键时期。在测试过程中，需要以真实的生活情景为引导，而非冰冷的试卷。在无纸化测评中，学生不再机械地训练知识和技能，而是在评价活动中释放天性，结合兴趣，探索未知的领域。其次，这种形式有利于教师的专业成长。面对全新的考核方式，教师需要改变观念，接受无纸化测评方式，立足学生立场，从单一的知识传授转变为多元的品格培养。在日常教学中，教师不应只是关注学生的知识与技能的掌握程度，还应关注他们是否能够独立思考、积极交流互动、自信表达，要通过无纸化测评方式让学生成为学习的积极主体。

2021 年，为深入贯彻落实中央关于教育评价改革和"双减"工作部署要求，教育部印发了《关于加强义务教育学校考试管理的通知》，文件中要求在小学一、二年级不进行纸笔考试，这是对无纸化测评理论的重要实践。在"双减"的背景下，无纸化测评切合了故事情境教学法，倡导教师根据科学的教育理念和对教育目标、内容的全面理解，尤其是结合故事情境教学法对情境的应用，创建富有创意且有趣的评估活动，使学生能够在多样化的实践中完成综合性的评估任务，培养学生的综合素养。

⬡（二）实践特点

1. 回应时代需要，面向未来发展

2022 年，教育部印发《义务教育课程方案和课程标准（2022 年版）》，次年印发《基础教育课程教学改革深化行动方案》，在此背景下，新课程改革及深化行动方案要求落实全面育人、面向全体、素养导向、加强综合、突出实践、减负提质等基本要求，充分发挥学生在学习中的主体作用。而故事情境教学法实施的全程都体现了"学生中心"这一教学理念。首先，教师在课前选择故事文本时，便从小学低年级学生年龄及心理特征出发，选择学生较为熟悉、能够激发学生兴趣的文本，突出学生在学习中的主体地位。其次，在创编故事情境

时，教师也应当遵循儿童的认知规律，综合考虑学生的身心发展特点，使故事情境适应学生的认知水平，并对原故事情节进行适当改编，使最后形成的故事情境具有简洁性、综合性、童趣性的特点。最后，在学生评价阶段，教师也会根据学生的日常学习情况，结合实际教学内容，选择适切的载体，设计贴近学生认知水平、兴趣爱好和实际生活的评价任务，并且任务的表述也需要贴合低年龄儿童语言与思维。整体而言，故事情境教学法贯彻落实了"以生为本"的教育理念，关注学生个体的全面发展，契合了新课改背景下的综合素养评价方式，将在时代的需要下，持续完成基础教育课程教学改革，从而加快建设高质量教育体系，提高人才自主培养质量。

2. 聚焦育人本位，提升实践能力

从某种角度说，我国传统教学方法几乎是一种纯知识性教学，对学生良好品德的形成和生活经验的积累所起的作用甚微，因此需要进行课程与教学改革，促进立德树人根本任务的落实，使教育真正立足于人的全面发展。钟启泉等学者通过研究认为，面向教育教学改革，要重视在统整各派建构主义观点的基础上汲取其思想的合理内核①。而故事情境教学法就是基于建构主义的课程观，主张用情节真实、复杂的故事呈现问题、营造问题解决的环境，以帮助学生在解决问题的过程中活化知识，变事实性知识为解决问题的工具；主张用产生于真实背景中的问题启动学生的思维，由此支撑并鼓励学生的学习。因此在情境中学习，学生能够建构起属于自己的、整合灵活的知识结构，从而使他们在面对各种现实问题时，能较容易地激活这些知识，灵活地运用它们解释现象、解决问题，真正做到在实践中培养学生的综合

① 钟启泉，崔允漷，张华. 为了中华民族的复兴，为了每位学生的发展：《基础教育课程改革纲要（试行）》解读［M］. 上海：华东师范大学出版社，2001.

素养。

3. 跨越学科边界，培养综合素养

创设故事情境基本原则之一就是综合性原则，即运用故事将多个学科的内容恰当结合起来以形成综合课程。在一节故事情境教学课堂中，通过以某一个故事为主线，创设出不同的子情境，这些子情境可能对应了不同的学科与能力。如我们根据《木偶奇遇记》故事文本创设出的一系列故事情境，其中就融合了语文、数学、英语、道德与法治、体育、唱游、美术、自然、探究等学科的内容和知识，集合了小学生的语言表达能力、数学学科素养、英语学科素养、体育核心素养等多学科素养的培养和评价，有利于学生在学习中发展跨学科思维，提升综合素养。可见，基于故事情境教学的综合课程可以让学生们透过不同的学科视角来探索一个主题，使他们的学习探究活动更加深入。而学生在进行故事情境演绎过程中的表现，能够较为真实地反映出学生个性发展的客观情况，为教师进行综合素养评价提供了丰富的评价素材。

综上，故事情境教学法有利于培养学生的综合素养，并为综合素养评价提供了丰富的评价素材，在一定程度上与综合素养评价方式相契合。因此，基于故事情境的综合素养评价值得我们进一步探究。

■ 二、基于故事情境的综合素养评价内涵

基于故事情境的综合素养评价将学生置于具体的故事情境中，要求学生不仅理解和应用知识，还能展现兴趣情感、社交交往、创造思维等多方面的能力。学生通过参与故事情境的角色扮演、问题解决、团队合作等方式，展现他们的综合素养水平。这种综合素养的评价具备以下内涵：首先，它强调情境性应用评价，即将学生置于真实或虚

构的情境中，以更真实地模拟现实生活中的应用情境，而非将学习视为概念的现实延伸。其次，它注重兴趣与情感表现的评价，不仅仅关注学生的学科知识掌握程度，更重视寓教于情，以发展学生的人际交往与思维感受等多维度能力。此外，它强调学生的主动性参与，学生通过积极参与到故事情境中，展现出自己的特长和潜能，使得个性化和差异化的学生表现被纳入了综合素养评价的范畴。这些基于故事情境的综合素养评价内涵更准确地反映了学生的真实水平和潜能，为教育教学提供有效的参考和指导，也将随着教育教学的改革和提升，不断丰富自身内涵，培养具有综合素养的未来人才。

■ 三、基于故事情境的综合素养评价意义

● （一）理论意义

1. 夯实了综合素养评价的理论基础

故事情境能够提供具体而生动的学习情境，使学生更容易将抽象的概念与实际生活联系起来。通过体验情境故事，学生可以深入思考、探索问题，促进对知识的深层次理解。基于故事情境的评价也更贴近实际生活，能够更准确地评估学生的学习成果和能力水平。通过这种实践过程，综合素养评价理论能够更好地与学生实际结合，使得评价结果更具客观性和可信度，有助于为教学提供更有针对性的反馈和指导，推动学生的持续进步，并不断推进相关理论创新，从而更好地指导实践工作。

2. 丰富了综合素质评价的实施路径

故事情境结合表现性评价，进一步丰富了综合素质评价的实施模式。如上文所述，在情境教学中，学生通过参与故事情境不仅能学习知

识和培养技能，还能够展现自己的情感态度、思维能力和合作交流等综合素质。这种展示性的评价方式能够更加直观地展现学生的学习成果和个性特点。例如，通过情境故事里的表演、演讲、艺术作品等形式，学生可以将所学知识与情境融合，创造出独特的表现作品。教师从中观察学生的学业水平、习惯倾向、兴趣爱好等，可以直接产生学生综合素质的评价。这种表现性评价的切入方式，自然有助于更全面、准确地了解学生的学习情况和能力水平，促进其综合素养的全面发展。

● （二）实践意义

1. 回应教育改革，推动学校高质量发展

在教育评价改革和"双减"工作的改革背景下，学校不仅要培养学生的学科能力，更要注重培养学生的综合素养，这正是基于故事情境的综合素养评价所体现的核心理念。学生置身于真实或虚构的故事情境中，使得认知、情感、社交、创新等多方面的综合素质能力得到评价，与教育改革提倡的以学生为中心、培养学生的自主学习能力的理念相符合；此外，每个学生能够在情境教学中充分展现和发挥自己的特长和潜能，实现个性化的学习和发展，这有助于满足学生多样化的学习需求，提高教育质量和教学效果，建设更具活力和创新性的学校。因而，基于故事情境的综合素养评价方法回应着教育改革的要求，有助于促进学校的高质量发展。它不仅有利于培养学生的综合素养和能力，还能够激发学生的学习兴趣和动力，实现教育教学的个性化和差异化，推动着学校教育质量的提升，建设更具活力和创新性的学校。

2. 形成寓教于情，促进学生综合发展

故事情境擅于营造情境氛围，提供生动的学习环境，从而唤起学生的情感共鸣，培养学生的综合素养。教师可以设计具有启发性和感

染力的情境故事，引发学生的思考和想象，做到寓教于情，促进学生综合发展。例如，在绘声绘色的故事情境教学中，学生渐渐从绝对的概念与符号中抽离出来，从自己的兴趣与情感出发，沉浸在充满知识与趣味的故事里，通过好奇与探索、合作与交流来与其他学生一起学习与成长。学生们通过故事情境搭建的感官实践，在心智上逐渐成为具备思维能力、创造力、动手能力和合作精神的鲜活的人。这不仅有助于激发学生的学习兴趣，提升学习效果，提高知识水平，也有助于养成良好心态，塑造健康人格，促进学生全面发展和成长。

■ 四、学校实践基于故事情境的综合素养评价溯源

万科实验小学开展基于故事情境的综合素养评价研究始于 2016 年底的一次学校行政例会。当时的例会议题聚焦于为一、二年级学生做期末综合测评，此时学校刚创立 3 个月，首批学生仅 84 人，但我们对此投入了最大的热情和精力。当时上海市教育委员会发布通知，要求小学一、二年级取消期末考试，并在小学一、二年级实行基于课程标准的"等第制"评价。各所小学纷纷探索低年级学生期末综合测评的新方式，然而，这些尝试大多仍然局限于将书面测试改为口头测试，过于强调分数和标准答案，缺乏足够的趣味性和创造性。我们不禁思考，学校该如何行动？基于故事情境的综合素养评价研究就在这样的好奇中应运而生。

由此，我们开始对"减负"背景进行研究，逐渐明确了几点共识。一是改变"评价观"，注重对每个学生的发展性评价，鼓励学生从之前同学间的"横向比较"转为和自己的"纵向比较"；二是改变"质量观"，重视学生学业成绩、身心健康、艺术素养、社会实践等综合能力的提高，帮助学生成为一个全面发展的人；三是体现"情境

观"，让学生在真实情境中感受、体验、创造性地解决各种问题，在评价中学习，在评价中成长。2018 年，基于这些研究分析和初步探索，科研项目《基于故事情境的小学低年级学生综合素养评价实践研究》立项为上海市浦东新区重点课题（立项编号：A201826）。2020 年，该课题成为上海市教育科学研究一般项目（立项编号：C20131）。结合项目，具体落实到情境创设时，我们想到了学校一直在推进的阅读教学，书里的故事不就是情境吗？当学生化身为书中人物时，其在不同故事情节中解决各类问题的综合表现，不就可以观察并予以评价吗？于是，我们依据课程标准和小学一、二年级学生的认知特点，有目的地引入或创设具有一定情绪色彩的、形象生动的故事场景，将跨学科的综合评价活动融入精彩的故事情节中，让学生身临其境，促进思维的发展，激发情感共鸣，从而充分调动学生的主动性和积极性，在情境中运用所学知识和技能解决问题，并体验、感悟和成长。教师通过观察学生活动过程中的表现对其进行相应的评价。通过比较和综合，我们最后确定了第一个故事——《绿野仙踪》，并选取相应故事情节，设计任务，开展评价。后来，又陆续确定了一、二年级共 4 个学期的其他 3 本书——《西游记》《木偶奇遇记》和《彩虹色的花》。

通过课题项目的实践，我们发现故事情境不仅使学生能够将学到的知识与实际情境相结合，更促进了他们的思考、感悟和成长。在活动中，教师通过观察学生的表现对其进行相应的评价，并根据反馈改进评价机制，提高评价效能。这一实践不仅更新了教师的育人理念，更推动了整体育人方式的变革。当学生们在故事情境中充满惊喜和自信时，我们有理由相信，基于故事情境的综合素养评价，正在为学生的成长和发展提供一种全新而丰富的教育方式，我们也将继续探索前行，推进基于故事情境的综合素养评价不断发展。

第二篇
基于故事情境的综合素养评价的
构建与实施

第四章 小学低年级学生综合素养评价指标体系的构建

目前，学校教育中传统的书面评价和侧重学科知识的评价无法适应学生综合素养的评价。作为一种适应学生综合素养评价的评价手段，表现性评价的设计与实施则需要更加严谨科学，其中首要的问题就是建立与之相适应并且有明确指标的评价标准。但是，目前关于综合素养评价的实践主要集中在中学阶段，缺少针对小学低年级学生综合素养评价的实践。为适应万科实验小学低年级学生综合素养评价实践研究的需要，学校根据小学低年级学生的心理发展特点以及学生综合素养的培养需要，尝试构建了小学低年级学生综合素养评价指标体系。

■ 一、综合素养评价指标体系的构建目的

综合素养评价是促进学生全面发展的重要工具。通过评价学科成绩、课外活动、社会实践和综合能力等方面，学校可以了解学生的潜力和特长，并提供个性化的教育支持。同时，它也有助于改进教学方法，提高教育质量。因此，建立符合小学生发展的评价体系能够促进教育改革，培养学生综合素质，满足社会对素质人才的需求。

◆（一）尊重学生立场，拓展评价方式

从学生的立场出发，综合素养评价不再一味强调学生的学科成

绩，还包括课外活动评价、社会实践评价以及综合能力评价等内容，通过不同评价方式的结合，综合素质评价综合考查学生在学科知识、课外活动、社会实践等综合能力的发展情况综合素养评价指标体系能够全面评价学生的认知能力、表达能力、想象能力、审美能力、运动能力和思维能力等方面的发展，学校可以更全面地了解学生的潜力和特长，为学生提供个性化的教育和发展支持。同时，综合素养指标体系还可以鼓励学生积极参与各种活动，培养其综合素质和创新能力，也使得学生在多元的评价方式中能够被照见、被尊重与被理解。

（二）聚焦学生发展，关注个体差异

综合素养评价指标体系能够反映学生的个体差异和发展动态，有助于学生在学习过程中发现自身的优势和不足，提高自我认知水平，为学生的终身发展打下基础。通过评价学科成绩、课外活动、社会实践和综合能力等方面的发展，学校可以更准确地了解学生的兴趣、特长和潜力。综合素养评价指标体系还有利于学校制定个性化的教育方案和发展计划。学校可以根据学生的评价结果，为其提供有针对性的教学和辅导支持，帮助他们充分发展潜力，弥补不足，提高综合素养水平。

（三）围绕育人质量，丰富教学方法

综合素养评价指标体系能够反映学生的学习状况和综合素养发展水平，提供有针对性的反馈和改进建议，有助于教师改进教学方法，促进学生的学习和发展。通过综合素养评价指标体系，教师能够更好地理解每个学生的学习特点和需求，因此可以根据评价结果制定个性化的教学计划和教育方案，提供更加精准和有效的教学支持。同时，评价结果也可以作为教师和学生进行交流和沟通的重要依据，促进双方的互动和合作。综合素养评价指标体系的引入不仅对学生有益，也对教师有着积极的影响。教师可以通过学生的评价结果反思自己的教学方法和策略，进行教学改进，并不断提升教学质量。评价结果还可以为学校提供参考，用于改进教育体制和培养方案，发展出具有校本特色的培养方案。

🦋（四）立足素质提升，鼓励全面发展

综合素养评价指标体系能够客观、全面地评价学生的素养和能力，助力学生全面发展。传统的单一考试评价方式无法反映学生的综合能力和发展潜力，而综合素养评价通过多元化的评价手段，从不同角度来评估和培养学生的学科知识、实践能力、创新思维、社会责任感等方面的素养。综合素养评价指标体系是学生全面发展，培养多元化的能力和素养的标尺，它重在鼓励学生进行实践能力、创新思维、品德修养等方面的发展。这有助于培养学生的综合素养，提高他们解决问题、创新思考和适应社会的能力，使其在未来人生中具备更广阔的发展空间。因此，综合素养评价指标体系是学生素养提升过程中的一面镜子，教师与学生作为不同的主体，都应在这个评价过程中反思与推动被评估者的全面发展。

🦋（五）响应政策号召，推动教育改革

2022 年，教育部印发《义务教育课程方案和课程标准（2022 年版）》，新的课程改革和深化行动方案要求深化基础教育课程教学改革，提高人才自主培养质量。结合相关政策与精神，综合素养评价指标体系应当充分考虑这些因素，回应时代需要，以满足教育改革的需求。在小学阶段，学生正处于身心发展的快速阶段，他们的认知、情

感、社交能力等方面都呈现出各自的特点和差异，通过建立符合小学生身心发展的综合素养评价指标体系，可以更全面地了解学生的发展状况，为学校和教师提供有针对性的教育改进建议，以此给学校带来了宝贵的发展机会，让学校能够需要不断探索和完善这一模式，为培养更多优秀学子而贡献智慧和力量。

二、综合素养评价指标体系的构建原则

综合素养评价指标体系具有科学性原则和全面性原则，基于教育科学、心理学等领域的理论知识和实践经验，兼顾学科特性、学生认知发展规律、社会需求和未来发展趋势。综合素养评价指标体系全面反映学生在认知、审美、运动等方面的发展，以及综合素养的整体水平。它具有实用性和针对性，提供有针对性的反馈和改进建议，促进学生发展和教学改进。综合素养评价指标体系公正、客观、准确，避免主观偏见和评价误差，确保评价结果的可靠性和公正性。综合素养评价指标体系紧密联系教育目标和教育导向，落实素质教育和终身教育理念，培养学生全面素质和终身学习能力。

（一）科学性原则

综合素养评价指标体系基于教育科学、心理学等领域的理论知识和实践经验，具有科学性和可操作性。综合素养评价指标体系的制定充分考虑到各学科的特性、学生的认知发展规律、社会需求和未来发展趋势等方面，使其符合科学性、客观性、全面性的原则。为了保证综合素养评价指标体系的可操作性，该评价指标体系应该具有可识别性、可测量性和可比较性。综合素养评价指标体系需要准确识别出不同学生的特长和不足，通过多种方式进行数据收集和分析，从而得出

科学的评价结果。

（二）全面性原则

综合素养评价指标体系全面反映低年级学生在认知、审美、运动等方面的发展情况，以及综合素养的整体水平。如在认知方面，综合素养评价指标体系可以包括学生的注意力、记忆力、思维逻辑等方面的能力，以及对识字、数理概念等基础知识的掌握和运用能力。在审美方面，综合素养评价指标体系可以关注学生对音乐、美术、舞蹈等艺术形式的欣赏和表达能力，以及对美的感知和品位的培养。在运动方面，综合素养评价指标体系可以关注学生的身体协调性、灵活性、耐力等身体素质，以及对体育规则和团队合作的理解和实践能力。此外，综合素养评价指标体系还需要全面考虑学生的道德品质、社会责任感、情绪管理、人际交往等方面的发展。通过全面反映低年级学生在认知、审美、运动等方面的发展，以及综合素养的整体水平，综合素养评价指标体系可以帮助教师更准确地了解学生的需求和差异，制定有针对性的教学方案，并提供个性化的引导和支持，促进学生全面发展。

（三）实用性原则

综合素养评价指标体系的实用性和针对性是其重要特点之一。综合素养评价指标体系具有实用性和针对性，能够提供有针对性的反馈和改进建议，促进学生发展和教学改进。综合素养评价指标体系能够提供准确、详细的反馈信息，包括学生的优势和不足之处，以及需要改进的方面。这样的反馈能够帮助学生了解自己的现状，认识自己的潜力和不足，并为未来的成长提供方向。综合素养评价指标体系还应与教学目标和课程内容相匹配，使评价结果能够指导教师的教学决策并改进。教师可以根据评价结果调整教学策略，有针对性地提供更好的教育教学资源和支持，因此综合素养评价指标体系也有助于促进教学改进和提升教育质量。综合素养评价指标体系的实用性和针对性使其成为一个有益的工具，为学生提供个性化的反馈和改进建议，促进其综合发展，并帮助教师调整教学策略，提高教学效果。

（四）公正性原则

综合素养评价指标体系公正、客观、准确，避免主观偏见和评价误差，保证评价结果的公正性和可靠性。综合素养评价指标体系应基于客观的标准和证据，而非主观的推测或个人喜好，以确保公正性。综合素养评价指标体系应使用客观的量化指标、可观察的证据和标准化的评价工具，这样可以减少个人主观判断的影响，提高评价结果的客观性。综合素养评价指标体系应该经过科学验证和实践检验，同时需要及时更新和调整，以适应不断变化的教育环境和学生需求，确保其准确性。综合素养评价指标体系应该准确反映学生的实际能力和表现，为学生提供准确的反馈和改进方向。

（五）教育导向原则

综合素养评价指标体系紧密联系教育目标和教育导向，促进学生全面发展和个性化发展，落实素质教育和终身教育理念。素质教育和终身教育是现代教育理念的重要组成部分，旨在培养学生的全面素质和终身学习能力。素质教育注重培养学生的思维能力、创新能力、社会责任感、团队合作精神等，使他们具备面对复杂社会环境和未来变化的能力。素质教育不仅关注学生知识的传授，更注重培养学生的能力、品格和价值观。终身教育强调学习的连续性和持续性，认为学习应贯穿整个人生，它鼓励个体在不同阶段和不同环境下进行学习和发展，以适应职业发展和社会需求的变化。终身教育提供了学习机会和资源，帮助个体持续学习、成长和适应社会的发展。综合素养评价指标体系应紧密联系教育目标和教育导向，将素质教育和终身教育理念贯穿其中，确保学生对学科核心知识的掌握，注重培养学生的创新能力和批判思维能力，推动学生实践能力和应用能力的培养。

■ 三、综合素养评价指标体系的理论依据

对学生进行综合素养评价不仅需要考查学生的学习能力，还需要考查学生在多种层面发展的能力。各学科的课程标准、中国学生发展核心素养、多元智能理论和上海市中小学学业质量绿色指标综合评价工作，为万科实验小学建立综合素养评价指标体系提供了重要的理论基础，有效指导了学校综合素养评价指标体系的构建。

● （一）中国学生发展核心素养

"核心素养"是知识、能力及态度之素养的综合。具备核心素养的个体能积极地适应个人及社会的生活需求，能面对现在与未来的生活挑战，过上成功与负责任的社会生活。因此，核心素养是一个人在解决复杂问题时的综合表现，是关键能力、必备品格和价值观念的整合体。教育部印发的《关于全面深化课程改革落实立德树人根本任务的意见》中首次提出"核心素养"这一概念，经中国学生发展核心素养研究课题组历时三年的研究，并由教育部基础教育课程教材专家工作委员会审议，于 2016 年 9 月正式发布《中国学生发展核心素养》。它主要指"学生应具备的、能够适应终身发展和社会发展需要的必备品

格和关键能力"，是关于学生知识、技能、情感、态度、价值观等多方面的综合表现，具有综合性、高阶性、主体性和时代性。①

中国学生发展核心素养，以"全面发展的人"为核心，分为文化基础、自主发展、社会参与三个方面，综合表现为人文底蕴、科学精神、学会学习、健康生活、责任担当、实践创新六大素养。根据这一总体框架，可针对学生年龄特点进一步提出各学段学生的具体表现要求。②

文化基础素养要求学生具备扎实的人文底蕴和对中华优秀传统文化的了解。学生需要掌握语言文字、数学、科学等基础知识，并能够理解和欣赏文学、艺术、历史、哲学等领域的内容。通过培养文化基础素养，学生能够树立正确的价值观念，增强民族认同感和文化自信心。

自主发展素养要求学生具备学习能力、创新意识和实践能力。学生需要学会学习，掌握信息获取和处理的技能，提高解决问题和分析思考的能力。在学习过程中，学生应培养批判性思维、创新意识和实践动手能力，鼓励他们主动探究和尝试，培养科学精神和创新精神。

社会参与素养要求学生具备健康生活方式、责任担当和社会参与能力。学生需要树立健康的生活观念，养成良好的身体习惯和心理素质，增强自我管理和自我发展的能力。此外，学生还需要培养公民意识和社会责任感，积极参与社会实践和公益活动，关注社会问题并为之努力。

----

① 张鹏君.学生发展核心素养与课堂教学的时代诉求［J］.教学与管理，2018（26）：1—3.
② 中国学生发展核心素养研究课题组.中国学生发展核心素养［J］.中国教育学刊，2016（10）：1—3.

《中国学生发展核心素养》的提出不仅对个体学生的成长具有重要意义，也对整个社会的发展产生积极影响。发展核心素养的学生具备广博的知识和多领域的能力，适应性强，能够灵活应对变化多端的社会需求。他们具备创新思维、解决问题的能力，并具备高度的社会责任感和公民意识，为社会进步和可持续发展做出贡献。

●（二）学科课程标准

学科核心素养的测评需要与学科课程内容紧密结合。学科课程标准是制定中小学培养目标和教学内容的重要文件，也是国家教育质量在特定教育阶段所应达到的具体指标。不论是国家对课程的管理和评价，还是教材的编写、教学和考试评估，都需要以学科课程标准为基础。

2022 年，教育部颁布了新版的《义务教育课程方案与课程标准》，其中明确了各学科的学科核心素养。学科核心素养是核心素养的一部分，它是学生在学习课程过程中形成各项能力的综合体现。以语文学科为例，新课标指出："义务教育语文课程培养的核心素养，是学生在积极的语文实践活动中积累、建构并在真实的语言运用情境中表现出来的，是文化自信和语言运用、思维能力、审美创造的综合体现。"[1] 这种体现能够灵活地整合学科的概念、思维方式、探究模式和知识体系，使学生能够应对和解决各种复杂且不确定的现实生活情境。学科核心素养的测评需要建立在学科课程内容的基础上，通过多种评价手段来考查学生在学科学习中所形成的核心素养。例如，在语文学科中，可以通过阅读理解、写作表达、文学鉴赏等方式评价学生

---

[1]　中华人民共和国教育部.义务教育语文课程标准（2022 年版）[S].北京：北京师范大学出版社，2022.

的语言表达能力、文学素养和批判思维能力。在数学学科中，可以通过解决实际问题、运用数学方法和推理论证等方式评价学生的数学思维能力、问题解决能力和数学应用能力。

此外，学科核心素养的测评还需要考虑到学科的特点和发展趋势，关注学生的创新意识、合作能力、信息素养等方面的发展。评价指标可以参考相关文献和研究成果，例如，教育部颁布的课程标准和教育教学改革政策文件，以及学术期刊上发表的学科教育研究论文。学科核心素养的测评需要与学科课程内容相结合，并建立在课程标准的基础上。通过多种评价手段和参考相关文献，可以全面准确地评估学生在学科学习中形成的核心素养，为学生的综合素质培养提供有效的参考和指导。

●（三）多元智能理论

多元智能理论是美国心理学家霍华德·加德纳在 1983 年提出的一种关于智力的理论。该理论认为，人类的智力不仅仅由一种单一的智能因素决定，而是包括多个独立的智能类型。这一理论是对传统智力观念的挑战，提出了更加广泛和包容性的智力理论。根据多元智能理论，加德纳将智力划分为九种主要类型：语言智能、数理逻辑智能、空间智能、音乐智能、身体—运动智能、人际交往智能、内省智能、自然探索智能和存在智能。每一种智能类型代表了人类在不同领域中的潜在能力和天赋。[①]

语言智能指的是个体对语言的敏感性和运用能力。这种智能类型涉及语言的听、说、读、写等方面的能力，能够进行有效的语言交流

---

① 霍华德·加德纳.多元智能［M］.北京：新华出版社，1999.

和表达。数理逻辑智能指的是理解和运用逻辑推理以及数学概念的能力。这种智能类型涉及分析问题、解决问题和推理思考的能力，以及对抽象数学概念的理解和运用。空间智能指的是个体对空间感知和空间导航的能力。这种智能类型涉及对图形、图像和空间关系的敏感性和理解能力，能够进行创造性的空间想象和图形表达。音乐智能指的是个体对音乐的敏感性和理解能力。这种智能类型涉及对音乐旋律、和声、节奏等方面的感知和表达能力，能够进行音乐创作和演奏。身体—运动智能指的是个体在身体运动和协调方面的能力。这种智能类型涉及运动技能、运动感知和身体协调能力，能够进行运动表演、体育运动和舞蹈等活动。人际交往智能指的是个体与他人交往和相互理解的能力。这种智能类型涉及情商、人际交往和人际影响能力，能够建立良好的人际关系并解决人际问题。内省智能指的是个体对自己内心世界的觉察和思考能力。这种智能类型涉及情绪管理、自我认知和自我反思能力，能够深入思考和了解自己的感受、价值观和动机。自然探索智能指的是个体对自然界和生物的敏感性和理解能力。这种智能类型涉及对自然环境和动植物世界的观察、理解和保护，能够与大自然进行和谐互动。存在智能指的是个体对人生和意义的思考和追求。这种智能类型涉及对哲学、伦理和存在意义的理解和探索，能够寻找并实现个体的生命目标和意义。

多元智能理论的核心观点是每个人都具备多种智能类型，每一种智能类型都可以在适当的环境和教育培养下得到发展。该理论强调教育应当根据学生的个体差异，提供多样化的学习方式和评价方式，促进学生全面发展。多元智能理论的应用在教育领域具有重要意义。教师可以根据学生的智能类型和倾向，采用多种教学方法和教学资源，满足学生的个体需求。此外，多元智能理论也为教育评价提供了新的思路，可以通过多元化的评价方式，更全面地了解学生的智力潜能和发展。总之，多元智能理论通过对智力的广泛和包容性定义，丰富了对智力的理解和评价。尽管该理论在实践中仍面临一些挑战，但它为个体差异化的教育和评价提供了有益的思路和方法。通过充分发展学生的多种智能类型，教育可以更好地促进学生的全面成长和发展。

● （四）上海市中小学学业质量绿色指标综合评价

上海市非常关注教育体制改革，将学业质量评价改革纳入市政府重点工作。2011年，上海市教育委员会印发了《上海市中小学生学业质量绿色指标（试行）》，开始在全市范围内实施"绿色指标"监测项目。2018年，上海市"绿色指标"指数体系结构进行了调整，形成了"绿色指标"2.0版，包含学生学业水平、学生身心健康、学生品德和社会化行为、学生学习动力、学生对学校认同度、学业负担与压力、教师课程领导力、校长课程领导力、教育公平、跨时间发展变化十大指数。

学生学业水平指学生对各学科课程标准所要求内容的掌握情况，包含学生学业水平的标准达成度、学生高层次思维能力、学生艺术素养三个二级指数。学生身心健康是学生成长与发展的前提基础，包括学生体质健康和心理健康两个二级指数。学生良好的品德是个人成长与终身发展的基础，也是学生能够成为社会有用之才的重要条件。学生品德和社会化行为指数包括行为规范、亲社会行为、国家认同、国际视野四个二级指数。学生学习动力包括学习自信心和学习动机两个二级指数。学生对学校认同度指学生对学校的认可与接纳，包括师生关系、同伴关系、学校归属感三个二级指数。学业负担和压力分为主观和客观两个方面，其中学业负担从客观方面进行考查，学业压力从主观方面进行考查。教师课程领导力指教师将课程意识与教学实践相融合，有效开展课堂教学活动的能力，包括教学理念、教学方式、学业评价能力三个二级指数。校长课程领导力是学校为实现办学目标、提升教育质量，在课程设计、开发、实施和评价等事务过程中的引领和指导的能力，包含课程规划、课程实施、课程评价三个二级指数。教育公平指为所有学生提供从教育中获益的机会，包括学生学业表现均衡度和家庭社会经济背景对学业表现的影响两个二级指数。跨年度发展指的是在"绿色指标"诸多评价指数上，从时间跨度上考查市、区、校的变化情况，以激励和督促相关教育主体不断提高教育质量。

■ 四、综合素养评价指标体系的构建流程

基于故事情境的综合素质评价实践研究的关键，在于构建面向小学低年级学生的综合素养评价指标体系，为后续的研究奠定良好基础，同时为教育工作者更好地促进低年级学生全面发展提供一定借鉴。为了实现这一目标，我们采取了如下流程。

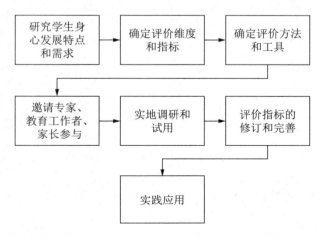

图4-1　构建符合小学低年级学生身心发展的综合素养评价指标体系流程图

（1）研究低年级学生身心发展特点和需求。了解低年级学生身心发展的特点和需求，包括认知、情感、社会、身体、语言等各方面的发展情况，以此为基础确定评价指标体系的维度和内容。

（2）确定评价维度和指标。结合低年级学生身心发展的特点和需求确定评价维度和指标，制定符合实际的评价指标。主要评价维度包括认知、表达、想象、审美、运动、思维六大能力。

（3）确定评价方法和工具。根据评价指标的要求，确定适当的评价方法和工具。评价方法包括观察法、测试法、访谈法、问卷调查法等，评价工具包括观察记录表、测试题、访谈提纲、问卷调查表等。

（4）邀请专家、教育工作者、家长等参与评价指标体系的制定，充分借鉴他们的经验和意见，以确保评价指标的科学性、实用性和可操作性。

（5）实地调研和试用。通过实地调研和试用，评价综合素养评价指标体系是否符合实际需要和实际效果。可以通过对低年级学生进行观察、测试、访谈等方式来获取评价数据。

（6）评价指标的修订和完善。在实际应用中，根据评价结果和反馈意见，对综合素养评价指标体系进行修订和完善，以逐步提高综合素养评价指标体系的实用性和科学性。

（7）实践应用。将综合素养评价指标体系运用到小学生的综合素养评价中，以实际教育教学活动为背景进行评价和监控，为低年级学生的综合素养发展提供有效的支持和帮助。同时，也可以通过评价结果和反馈意见，不断优化和完善综合素养评价指标体系。

■ 五、综合素养评价指标体系的构建内容

在本次研究开展的初期，项目组在义务教育课程标准、中国学生

核心素养、多元智能理论、上海市绿色指标体系等相关文件和理论基础上，遵循科学性、全面性、实用性、公正性、教育导向原则，形成了 1.0 版的小学生综合素养评价指标体系。在项目研究的中期，项目组根据万科实验小学基于故事情境的综合素养评价活动实施经验，对评价指标体系进行了修订调整，形成了 2.0 版的小学生综合素养评价指标体系。该指标体系为学校后续开展学生综合素养评价实践提供了标准，也在一定程度上为其他学校构建综合素养评价指标提供借鉴。

2.0 版小学低年级学生综合素养评价指标体系包含六个一级指标和二十五个二级指标。其中，"认知能力"维度由知识储备能力、知识应用能力、认知过程能力三个二级指标构成；"表达能力"维度由语言表达能力、书写表达能力、图像表达能力、社交表达能力四个二级指标构成；"思维能力"维度由创新能力、批判性思维能力、判断力和决策能力三个二级指标构成；"审美能力"维度由美学感知、创意思维、艺术欣赏、文化素养、美学表达和美学评价六个二级指标构成；"想象能力"维度由想象力的活跃程度、创造性思维的能力、想象能力的应用能力、想象力的表达能力和创造力五个二级指标构成；"运动能力"维度由运动技能、运动协调性、运动意识、运动能力综合素质四个二级指标构成。

每个二级指标都有具体的评价标准，共计三十八条评价标准。在使用该评价指标体系时，依据评价标准采用李克特五级量表方式对每一项二级指标进行评分，在"5 优秀、4 良好、3 中等、2 合格、1 不合格"中选择评分等级进行评分。小学低年级学生综合素养评价指标体系具体内容如表 4-1 所示。

表4-1　小学低年级学生综合素养评价指标体系

评价维度	评价内容	评价标准
认知能力 A	A1. 知识储备能力：评价学生的知识掌握程度、学科基础能力、学习兴趣等因素 A2. 知识应用能力：评价学生的应用知识的能力，如将所学知识用于解决实际问题的能力，创造性思维能力等 A3. 认知过程能力：评价学生的信息处理能力、思维能力、分析问题和解决问题的能力等	**知识储备和应用能力** T1. 掌握基本学科知识：对各学科的基本概念、原理、公式、定理等的掌握程度较好 T2. 掌握应用技能：能够运用所学知识解决实际问题，如应用数学知识进行数据分析，应用语文知识进行文献阅读等 T3. 掌握综合知识：能够将不同学科的知识进行整合，形成综合知识体系 **认知能力** T4. 分析思考能力：能够对问题进行逻辑思考、分析和归纳，发现问题的本质 T5. 创新思维能力：能够从不同角度思考问题，提出创新性的解决方案 T6. 批判性思维能力：能对不合理的观点进行批判和辩驳
表达能力 B	B1. 语言表达能力：学生能否用清晰准确的语言表达自己的想法、情感和观点，是否具备一定的词汇量和语法能力 B2. 书写表达能力：学生能否用规范的字体、正确的笔画书写汉字，是否具备一定的书写速度和书写流畅度 B3. 图像表达能力：学生能否用绘画、手工等方式表达自己的思想和想象力，是否具备一定的创意和表现力 B4. 社交表达能力：学生能否在社交场合中与他人进行良好的交流和沟通，是否具备一定的礼仪和沟通能力	**口头表达能力** T7. 清晰度：能清晰地表达自己的想法，语音语调得体 T8. 流畅度：能流畅地表达自己的想法 T9. 连贯度：能按照逻辑结构组织语言，能使用适当的过渡词和句子使表达更连贯 T10. 情感表达：能准确地表达自己的情感和感受，能使用恰当的词汇和语气传达自己的情感 **书面表达能力** T11. 文字清晰度：能书写清晰、字迹工整，能正确使用标点符号 T12. 语言表达能力：能用恰当的词汇、语法和句式表达自己的想法，能避免重复或模棱两可的表述 T13. 文章结构：能按照逻辑结构组织文章，能使用适当的过渡词和句子使文章更连贯 T14. 信息准确性：能准确地表达所要传达的信息，无语法、用词、用字错误 **图像表达能力** T15. 绘画和手工具有创意性、表现力 T16. 绘画和手工能有自己的思想和想象力 **多媒体表达能力** T17. 作品美观，具有一定的技术和创意能力 T18. 作品能表达自己的观点和想法 **社交表达能力** T19. 能与他人进行良好的交流和沟通 T20. 表达流利、大方得体，注重礼仪

（续表）

评价维度	评价内容	评价标准
思维能力C	C1. 创新能力：学生能否提出新的想法或解决方案的能力。包括学生提出的新颖想法的数量、质量等方面 C2. 批判性思维能力：学生对问题进行逻辑分析和评估的能力。包括学生对问题的分析深度、逻辑性、合理性等方面 C3. 判断力和决策能力：学生在面对复杂问题时做出明智决策的能力。包括学生在决策时所考虑的各种因素、决策的合理性等方面	T21. 能够分析问题的关键因素 T22. 能够收集必要的信息和数据 T23. 能够根据收集的信息和数据做出合理的判断和决策 T24. 能够针对不同的情况做出相应的决策
审美能力D	D1. 美学感知：学生是否能够对周围的环境、艺术品或文化事物产生敏锐的感知，并表达出对其美学价值的认识和感受 D2. 创意思维：学生是否能够独立思考，发现问题并提出创新的解决方案，并能够以独特的方式表达自己的观点 D3. 艺术欣赏：学生是否能够欣赏和理解不同类型的艺术作品，如绘画、音乐、文学等，并能够表达出对其欣赏和理解的认识 D4. 文化素养：学生是否具备一定的文化素养，包括对传统文化的了解和尊重，对当代文化的认识和关注，以及对多元文化的包容和理解 D5. 美学表达：学生是否能够用各种形式的表达方式，如绘画、音乐、舞蹈、表演等，表达出自己的美学观点和情感 D6. 美学评价：学生是否能够客观评价艺术作品的美学价值，并能够用适当的语言和方式表达自己的评价	T25. 能够辨认和描述基本的色彩和形状，理解基本的音乐节奏和节拍 T26. 能够运用各种材料和技巧，进行简单的绘画、手工、音乐等创作活动，表达自己的审美情感 T27. 能够识别不同类型的艺术品，并理解其表现手法、内涵和主题，表达自己的感受和看法 T28. 能够形成正确的审美价值观，如欣赏自然美、珍视人文美、尊重多元文化等，表现出审美品位和文化素养
想象能力E	E1. 想象力的活跃程度：能否积极主动地进行创造性思考和想象，尝试新的想法和观点，以及产生和发展新的想象性的概念和概念体系 E2. 创造性思维的能力：能否从多个角度思考问题，并提出具有创造性的解决方案，拥有在不同领域创新的能力 E3. 想象能力的应用能力：能否将想象力应用于各种情境和领域，如文学、艺术、科学等，发掘事物的内在规律性和可能性	T29. 具有想象创造力，能够从日常生活和学习中提取信息并产生新的思路和想法 T30. 能够在脑海中形成生动的图像或场景，能够从文字、图片或声音中获取信息并形成自己的理解和想象 T31. 愿意主动去发掘未知领域，善于提出问题并探究解决方法

（续表）

评价维度	评价内容	评价标准
想象能力 E	E4. 想象力的表达能力：能否通过文字、图像、声音、肢体语言等多种表达方式，生动地表现自己的想象力和创造性思维，与他人分享自己的想法和观点 E5. 创造力：学生是否具有想象创造力，能够从日常生活和学习中提取信息并产生新的思路和想法	T32. 具备创新精神，能够在某些问题上提出新的想法和解决方案 T33. 具备逻辑思维能力，能够对各种信息进行合理组合，形成逻辑性的结论和判断
运动能力 F	F1. 运动技能：评价学生掌握的各种体育运动技能和动作的熟练度，包括跑、跳、投、接、抛、攀、爬等多项技能 F2. 运动协调性：评价学生在运动中的身体协调性和平衡感，包括平衡、灵活、反应等方面的能力 F3. 运动意识：评价学生的运动自觉性和运动规则意识，包括尊重规则、遵守纪律、积极参与等方面的能力 F4. 运动能力综合素质：评价学生的运动能力整体水平，包括耐力、速度、力量、柔韧性等方面的能力	T34. 速度：在规定要求、时间内完成相应动作 T35. 姿势：运动动作、姿势标准规范 **持久力：能够连续运动一段时间，不易疲劳** T36. 协调性：运动时双手双脚的配合协调 T37. 技能灵活度：能根据场地和人数等条件适当调整运动速度和姿势

第五章　基于故事情境的小学低年级学生综合素养评价的实施

在综合素养评价指标体系建构的基础之上，万科实验小学根据低年级学生开展综合素养评价的需要，将综合素养评价与故事情境相结合，积极构建适应低年级小学生需要的综合素养评价。学校扎实推进基于故事情境的综合素养评价工作，并设计了相应的实施方案，以此指导之后的综合素养评价实施工作，为教师们提供借鉴。

一、基于故事情境的评价任务设计

项目组在多轮基于故事情境的综合素养评价任务设计过程中，逐渐明确了基于故事情境的综合素养评价任务设计的基本流程，包括选择故事文本、创编故事情境、制定评价方案三大步骤。这一流程为开发基于故事情境的综合素养评价任务提供了清晰的路径。

（一）选择合适的故事文本

1. 选择依据

基于故事情境的综合素养评价活动就是要让学生置身于丰富有趣的故事情境活动中。教师结合故事情境，提出明确的评价任务。学生在评价任务的驱动下，开展探究活动，运用知识解决问题，完成任

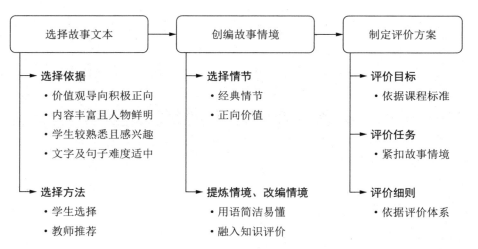

图5-1　基于故事情境的综合素养评价任务设计流程

务，并体验快乐、发展素养。学生因接受能力的不同，对图书也有着不同的需求，因此在选择情境故事的文本时，从小学低年级学生年龄及心理特征出发，基于以下要求进行筛选：弘扬真善美，熏陶道德教育；学生较熟悉，激发学生兴趣；内容较丰富，人物形象鲜明；阅读难度适度。

（1）弘扬真善美，熏陶道德教育。小学阶段是学生道德观念发展的重要阶段。有效的道德教育能帮助学生树立正确的道德价值观。因此，在选择情境文本时首要考虑其教育意义，将道德教育无形中融入学生学习的全过程，以提高学生对语言知识和情感的理解，帮助学生形成正确的行为习惯。

例如，《彩虹色的花》以一朵彩虹色的花用自己的花瓣去帮助小动物们渡过难关的温暖情节讲述了一个细腻有爱的故事。希望孩子们如彩虹色的花一般，乐于分享，体会帮助别人是快乐的，感受彩虹色的花带来的爱与希望。《绿野仙踪》一书以多萝茜的游历经历为主线，鼓励每个孩子要勇敢、善良、爱动脑，同时也要用一颗友善的心照顾他人。《西游记》一书以唐朝贞观年间孙悟空、猪八戒、沙僧、白龙马保护唐僧西行取经为线索，鼓励孩子们智慧勇敢，克服困难，不畏艰险。《木偶奇遇记》则是从一个会说话的小木偶出发，鼓励孩子们诚实、勇敢、善良。

（2）书目较熟悉，激发学生兴趣。学生了解到一本符合自己兴趣点的、较为熟悉的书，自然能够激发阅读兴趣。但教师除了要找到各种兴趣点为主抓手，还要循循善诱，让学生的阅读兴趣能持续保持下去。想象力是每个人与生俱来的能力，学生正处在一个对世界充满好奇的阶段，童话故事中的神奇设计，会激发学生的想象力，让他们生发出更多探索世界的欲望，去打破界限发现那些现实中不曾出现的神奇事物。

例如，《木偶奇遇记》和《绿野仙踪》都是童话类图书，学生们能跟随不同的主人公，体验不同的情感。在无形中，让他们明白如何正确对待眼前世界，如何让人生变得更精彩。此外，像《彩虹色的花》这样的绘本，有大幅大幅插图，各种颜色的运用契合故事情节的发展，激发学生阅读兴趣的同时，还能带给学生震撼的视觉冲击。在四大古典名著当中，《西游记》是最受青少年喜爱的，它被拍成了电影、电视剧，制成了动画片、连环画，可谓是妇孺皆知，但看这些形式的艺术作品代替不了阅读名著。原著中的情节和人物对于学生来说是耳熟能详的，这为激发他们的阅读兴趣打好了基石。

（3）内容较丰富，人物形象鲜明。童话有着丰富的故事情节、鲜明的人物形象、灵动美妙的语言，符合小学低年级学生的身心发展特点。例如，《绿野仙踪》里多萝茜来到神奇国度后遇到了很多稀奇古怪的人和事。《木偶奇遇记》里有一个会说话的小木偶。《西游记》围绕西天取经的主线，讲述了唐僧、孙悟空、猪八戒、沙僧师徒四人许多降妖除魔的故事。这些故事的情节都非常丰富、曲折，人物形象鲜明，很适合小学低年级的学生阅读。

（4）阅读难度适度。童话内容贴合儿童的生活实际，符合儿童的认知心理，从儿童的角度出发，用儿童的耳朵去听，以儿童的眼睛去看，特别是以儿童的心灵去体会。例如，《绿野仙踪》和《木偶奇遇记》中的童话内容就更有利于学生接受。《彩虹色的花》语言风格轻快明朗，大多以对话的形式展开，一问一答，与学生平日的生活用语相贴近，符合新课标对低年段学生的阅读要求，因此，学生读起来也是非常清晰易懂的。《西游记》一书中，学生们对取经的故事固然感兴趣，但读整本原著难免会觉得枯燥难懂，因此，以挖掘学生感兴趣的点，选择其中"唐僧救猴王""计收猪八戒""真假美猴王""大战流沙河""趣经女儿国"五个教育学生智慧勇敢的故事情节，引导他们有目标性地阅读。

2. 选择方法

（1）学生自主选择，体现学习主体地位。《义务教育语文课程标准（2022年版）》明确要求："义务教育阶段要激发学生读书兴趣，要求学生多读书、读好书、读整本书，养成良好的读书兴趣，积累整本书阅读的兴趣。"[1] 选择故事文本是开展故事情境式综合素质评价活动的一种载体，更希望学生能借此激发阅读兴趣，养成读整本好书的好习惯。在学习过程中应当把学习的选择权还给学生，让学生主动地得到发展。若将阅读作为一项作业，强制学生阅读某些特定的书，可能会导致很多学生对课外阅读产生排斥心理，从而敷衍了事，甚至完全不阅读。

---

[1] 中华人民共和国教育部. 义务教育语文课程标准（2022年版）[S]. 北京：北京师范大学出版社，2022.

因此，教师可以请学生自主推荐阅读书目，让他们自主选择感兴趣的图书去推荐，也放手发动学生，让学生自己去组织推荐书目活动。但让学生自主推荐阅读图书，并不代表教师完全放手，而是让教师先对书的内容、形式进行把关，将把关后的图书列表给学生，让学生在此范围内自由选择。这样可以避免低年段学生去阅读一些超出自己阅读水平，或者阅读内容和形式不适合学生的图书。

自主阅读、自主查阅资料、自主整合资料、自主组织活动……整个过程尊重学生在学习中的主体地位，启发学生自主阅读、参与阅读，提高学生的积极性、主动性，培养他们的创造性、独立性和组织活动的能力，从而建立自信心，锻炼意志，在自主学习中发现自我，获得成长。

（2）教师推荐，提升学生阅读质量。好书能促进学生健康成长，选好书就尤为重要。让学生自主推荐书目是尊重学生主体地位的一种方式，但低年段学生阅历较少，对很多事物的判断都处于懵懂的阶段。因此，仍需要一、二年级的执教教师根据低年段学生的年龄特点，在课程内容之外为学生推荐适合他们阅读的图书。不仅要符合学生的认知水平和兴趣爱好，还要符合课程要求和价值导向。同时，教师也可以根据课程要求进行推荐。根据课程拓展资料、推荐图书，目标更清晰，内容更系统。教师不仅要挑选适合学生的图书，还要注重多样性，让学生接触不同类型、主题和难度的图书，扩展他们的阅读广度和深度。如文艺类、科普类、历史类等不同类型的图书都可以推荐给学生。

❖（二）基于故事文本创编情境

创编故事情境，应当遵循儿童认知规律，符合学生的身心发展特点，适应学生的认知水平。小学低年级学生好奇心强烈，活泼好动。教师要设法向学生呈现一些能够引起他们兴趣的情节。这样不仅能使看似远离学生的作品更加贴近实际，还能更好地贴近学生的身心发展水平，让学生感到学习是一件有趣的事情，从而调动学习积极性，体现"以生为本"的精神。因此，教师需要经过挑选情节、提炼情节、改编情节三个步骤，使得最后形成的故事情境具有简洁性、综合性、童趣性的特点。

1. 选择典型情节，践行社会主义核心价值观

首先，教师要在故事原文中挑选出脍炙人口、符合低年级学生年龄特点的经典情节。在选择情节时，也要考虑低年级学生的学习能力，引导学生具有向善的道德品质。以《西游记》为例，教师从中挑选了其中五个著名的故事情节——"唐僧救猴王""计收猪八戒""真假美猴王""大战流沙河""趣经女儿国"。又比如《绿野仙踪》中，教师选择了四人结伴互相排忧解难，帮助小伙伴解决各自难题的情节，体现了团结友爱的品质，让学生体会友情的珍贵。在《木偶奇遇记》中，教师选择了匹诺曹改正错误，浪子回头的情节，让学生感悟向善向好的品质。在《彩虹色的花》故事中，教师分别选择了四个赠花的情节，体现了彩虹色的花乐于奉献的精神。所选择的这些故事情节，都与社会主义核心价值观所契合。

2. 提炼生成情境，融入知识评价

选择了主题情节后，教师通过简明扼要的文字，提炼出情节中的主要内容。简洁的情节可以帮助学生快速进入故事情境，开启后续的评价活动。以《西游记》情境中的"计收猪八戒"一节为例，原文故事囊括了"猪八戒入赘""醉后露真身""假扮高小姐""八戒入佛门"几个小情节。教师提炼出最为关键的悟空假扮高小姐、戏斗猪八戒的

情节，配合数学、探究的学科主题，一是利用数学本领、思维能力解决问题，二是利用探究本领、认知能力认识猴子尾巴的作用。又比如在《绿野仙踪》情境中，铁皮人凭着十足的勇气和达到目的的坚强信念，终于实现了自己的愿望，最终得到了一颗心脏。在故事的最后，铁皮樵夫成为一个胸怀善心、有情有义的角色。因此结合自然学科，小朋友们需要帮助铁皮人找到一颗合适的心脏，前面"如何找"的情节自然被省略了。而找到后，结合体育学科的知识，我们知道如何通过运动锻炼自己的心肌，保持强健的体魄，在情境中尝试了学科融合的任务设置。

3. 改编故事情节，激发学生兴趣

如果只按原文的故事情节来进行评价活动，必然会和学科知识没有太多的关联。教师不光要对情节进行删减，还需要进行修改、增添、续写等操作，将想要表达的思想内涵和优秀品质保留，通过有依据的想象和生活化的语言巧妙地与评价任务相连接。以《绿野仙踪》为例，在狮子找回了自信，成为森林之王之后发生了什么？原著中没有描述，不过与表达能力的评价维度相结合，教师设计了"狮子的演讲"这一任务，让学生发挥合理想象，模仿狮子充满自信地发表治理森林的演讲。这样既保留了原有的人物性格，不会显得突兀，又极大地调动了学生的积极性，全身心地投入评价活动。

经过项目组的探索，在《西游记》《彩虹色的花》《木偶奇遇记》《绿野仙踪》四个故事的基础上，形成了用于评价小学低年级学生综合素养的、基于故事的评价情境（具体见表 5-1）。

表5-1　四个故事情境与对应的评价学科与能力

文本:《西游记》				
序号	故事情节	创编情境	学科	能力
1	唐僧救猴王	孤独的美猴王被压在五指山下。一个晴朗的秋天,骑着白马的唐僧途经此处,看到了他并解救了他,被解救的美猴王希望能得到一件外套	英语	认知、思维、表达
2	计收猪八戒	孙悟空在暮色中等待猪八戒的出现,然后拿出金箍棒与之进行了一番打斗并将其收服。孙悟空利用尾巴的作用翻墙进院解救了翠兰	数学、探究	认知、思维、表达
3	真假美猴王	真假美猴王分别向大家介绍了自己并讲述了假猴王的意图。最终,真猴王现身,他高兴地讲述自己的遭遇	语文、道德与法治	认知、表达、想象
4	大战流沙河	唐僧三人来到流沙河,遇到一条奄奄一息的小鱼,并帮助了它。小鱼提醒他们河里有妖,孙悟空和河妖大战数回无果,翻筋斗云去找观音相助	自然、体育	表达、运动、认知
5	趣经女儿国	唐僧师徒来到西梁女儿国,见识了国王的美丽外表并且欣赏了西梁国的服饰美,最终离开。女儿国君臣用优美的歌声送别他们	唱游、美术	审美、想象
文本:《彩虹色的花》				
序号	故事情节	创编情境	学科	能力
1	助蚂蚁过水洼	春天,彩虹色的花帮助小蚂蚁测量了水洼大小并想出了过水洼的好方法	数学、体育	认知、思维、运动
2	给蜥蜴做衣裳	夏夜,彩虹色的花用花瓣帮助蜥蜴制作出席晚会的衣服	英语、美术	认知、表达、想象、审美
3	帮助小老鼠	夏天,阳光强烈,彩虹色的花帮助小老鼠,用花瓣给小老鼠做扇子	语文、道德与法治	认知、表达、想象
4	用尽花瓣	冬天,彩虹色的花用尽所有花瓣帮助了他人,所有被帮助过的小动物为它歌唱	唱游	审美
5	重获新生	在下个春天,新的嫩芽从土里冒出来,阳光下,彩虹色的花渐渐生长	自然、探究	认知、思维、表达

（续表）

文本:《木偶奇遇记》				
序号	故事情节	创编情境	学科	能力
1	木偶成形	神奇的小木偶是怎么做成的？快来帮助匹诺曹变成人形吧	数学、体育	认知、思维、运动
2	探索世界	顽皮的匹诺曹离开爸爸，踏进了一个未知的世界，他是怎么生存的呢	英语、自然	认知、思维、表达
3	说谎恶果	撒谎骗人会招致可怕的后果，匹诺曹应该如何改正这个坏习惯呢	语文、道德与法治	认知、想象、表达、思维
4	父子团聚	爸爸为了寻找匹诺曹不幸落入鲨鱼肚中，父子意外团聚，该怎么逃离大鲨鱼的肚子呢	美术、探究	认知、思维、审美、表达
5	重获新生	一路奇遇，从顽劣到懂事，匹诺曹终于改正了缺点，成为一名真正正的男子汉啦	唱游	审美

文本:《绿野仙踪》				
序号	故事情节	创编情境	学科	能力
1	帮助稻草人找大脑	扮演稻草人和多萝茜一起去绿宝石城找到奥兹国王，实现能够拥有大脑变得更加聪明的愿望	数学、美术	认知、思维、表达
2	帮助铁皮人找心脏	和小伙伴一起帮助铁皮人找回一颗强健有爱的心脏，这样他就能爱别人了	美术、体育	表达、认知、想象、运动
3	帮助狮子找到勇气	小狮子外表强大但内心懦弱，需要帮助小狮子挑战自我，克服怯懦，找回勇气和自我	语文、道德与法治	认知、表达、思维、想象
4	打败恶女巫，寻找魔力，回到家乡	小伙伴们穿过充满魔力的森林，森林里住着邪恶的西方女巫，需要了解其弱点才能打败她 帮助大家完成愿望后，多萝茜要与朋友们分别，他们将各自踏上新的征程	英语、唱游	认知、表达、审美

（三）制定评价方案

确定了具体故事情境后，学科教师合作制定各学科的评价方案，明确评价目标、评价任务和评价细则。

1. 依据课程标准，制定评价目标

学科评价目标主要来源于各学科课程标准中一、二年级掌握的学科学业质量标准以及学科核心素养。下面便以《绿野仙踪》故事情境下的数学学科活动为例：

根据《义务教育数学课程标准（2022 年版）》可知，小学数学学科核心素养主要表现为数感、量感、符号意识、运算能力、几何直观、空间观念、推理意识、数据意识、模型意识、应用意识、创新意识等。而在项目组前期制定的综合素养评价指标体系（表 4-1）中，认知能力、表达能力、思维能力比较贴合数学学科的特点。

（1）认知能力主要反映了学生的知识储备情况、知识应用能力、认知过程等。活动中，通过判断学生是否能识记、领会、运用本学期的知识来对学生的认知能力进行评价，是所有学科评价活动都会考查到的能力，在评价目标中必不可少。尤其是低年级数学的运算能力、空间观念十分贴合低年级学生的认知水平。

（2）表达能力涵盖了语言、书写、图像、多媒体等。在数学评价活动中，学生基本是口答完成活动，涉及口头表达能力，可以从清晰度、流畅度、连贯度等维度评价学生的思考过程。

（3）思维能力则反映了创新能力、批判能力、判断能力、决策能力与执行能力，具体表现为能够分析问题的关键因素，能够根据收集的信息和数据做出合理的判断和决策等，涵盖了数学的推理意识、应用意识、创新意识等素养。

两相结合后开始选择合适的知识载体，一年级选取了"运算——20以内的加减法""几何——物体的形状""应用——看图列式"三个知识点。二年级则选取了"运算——口算表内乘除法""空间——长方体的认识""应用——乘法的意义、几倍"共三个知识点考查，制定了初步的学科活动目标表（见表5-2）。

表5-2　数学学科活动目标设计表

评价目标	评价维度	知识载体	
		一年级	二年级
认知能力	运算能力	20以内的加减法	口算表内乘除法
认知能力	空间观念	物体的形状	长方体的认识
思维能力	应用意识	看图列式	乘法的意义、几倍
表达能力	口头表达		

2. 紧扣故事情境，设计评价任务

教师根据评价目标，设计评价任务。在设计时，需要注意让任务形式具有多样性，并有趣味性、实践性等。评价任务的设计主要根据评价对象的日常学习情况，由教师结合实际教学内容，选择适切的载体，设计贴近学生认知水平、兴趣爱好和实际生活的评价任务。在设计任务时还要注意故事情境的连接性，任务表述时需要更加贴合低年龄段儿童的语言与思维。以二年级《西游记》自然学科为例：

[第一题]

唐僧师徒三人来到流沙河前，只见一幅波涛汹涌、水势宽阔的景象。突然，他们看到河边有一条小鱼奄奄一息。八戒说："师傅，我们快救救它吧，它一定是饿了，我去给它找吃的！"小朋友，请你来为小鱼找一找它爱吃的食物吧。

[第二题]

小鱼吃完美味的食物后苏醒了。"谢谢你们！"小鱼说，"这条河中有一个凶险的妖怪，你们过河时一定要小心！"说完，小鱼便游走了。悟空说："师傅您瞧，这小鱼游得可真快呢，它是依靠鱼的（　　）和（　　）来运动的。我们也快走，去见见河里的妖怪吧！"

A.头　　　　B.躯干　　　　C.尾　　　　D.鳍（选项可用图片代替）

值得注意的是，综合素养的评价任务不宜过于简单，应该减少唯一性和确定性，给予更多开放性。"知道知识"是"运用知识"的前提，但学生的学习目标不能止步于"知道知识"。分析性问题、综合性问题、评价性问题属于高级认知能力，更能激发学生思考，从而初步养成优秀的思维品质。因此，在评价中要更多关注认知、表达、想象等六大能力的高阶维度。

例如，美术学科课程标准中有一领域是"欣赏和评述"，注重通过感受、欣赏和表达等方式帮助学生内化知识，为此，教师聚焦低年级学生的想象能力，设计任务如下：

稻草人看到铁皮人惊讶地大叫："快看，他长得可真奇怪！"

请你说一说铁皮人和稻草人有什么不同？如果你在现场，你会和他们说什么？

结果表明，有的学生认为制作铁皮人和稻草人的原材料不同，而有的学生进一步区别出触摸铁皮人和稻草人时触觉不同。有的学生反馈外表颜色不同，而有的学生则进一步联想到色彩所呈现的温度。在完成这个任务的过程中，学生们充分激发自己的联想能力和想象力，通过基于故事情境中的综合测评，学生在情境中发挥想象力，充分利用他们的想象，完成知识的内化。

当然，评价任务的难度也不宜过高。评价学生运用知识的能力或高阶思维并不等同于高难度。评价并不是只能通过设置高难度的任务，而是需要有合适的区分度，能将学生区分成不同的水平。不能因为班里几乎所有的学生都能获得优秀等第，就认为这项评价活动没有意义。

3.依据评价体系，关注评价细则

设计好目标与任务后，教师会制定评价准则，即学生的哪种表现能获得 A，哪种表现只能获得 B、C、D。以《绿野仙踪》情境为例，同样是考查学生的表达能力，尤其是其中的语言表达能力，关注学生能否用清晰准确的语言表达自己的想法、情感和观点，是否具备一定的词汇量和语法能力。在英语、语文、唱游三门学科中，都涉及了表达能力的考查，对于评价维度，三门学科都关注到了清晰度、流畅度、连贯度，然而也有一些不同点。

英语学科关注学生是否能够准确流利，并有感情地朗读儿歌内容，尤其是语言表达的自然流畅度以及语音语调自然优美度方面，设计的"清晰度"评价细则如下：

A.能准确、流利地朗读儿歌，富有感情，语音语调自然优美。

B.能准确、流利地朗读儿歌，语音语调标准。

C.能基本准确、流利地朗读儿歌。

D. 朗读儿歌时出现两处以上的错误。

而语文学科则从语速、语调和表情三方面进行评价，尤其是关注到了"情感表达"。其中对语速有三个指标，分别是过快、适中、过慢，这很大程度上是由学生对字词的认知程度决定的。对语调的评价指标需视具体的故事情境而定，比如狮子前期展现出的是胆小，后期成为森林之王，应是快乐、自豪的。对表情的评价可结合语调来共同制定，如果学生当时投入评价活动中，并能正确理解题干进行作答，都能根据语调进行表情的调整。

唱游学科同样关注了清晰度、准确度，不过其评价标准也强调学科特色，比如律动、节奏等（见表5-3）。

表5-3   《绿野仙踪》情境中唱游学科在表达能力方面的评价标准

评价标准	评价等第
能用自然的声音演唱歌曲，不过分用力或音量过小	A. 达成4条标准
歌唱时音准到位，节奏准确，与伴奏契合相当	B. 达成3条标准
能背唱歌曲，歌词准确无误，咬字清晰	C. 达成2条标准
律动表演符合歌曲情境、速度和节拍韵律	D. 达成1条及1条以下标准

■ 二、基于故事情境的评价活动开展

项目组主要在每学期期末，组织学生开展基于故事情境的综合素养评价活动。项目组在多轮基于故事情境的综合素养评价活动实施过程中，逐渐明确了此类评价任务实施的基本流程，包括环境布置、任

务加工、实施评价、数据分析四大步骤（见图5-2），为此类评价的实施提供了清晰的路径。

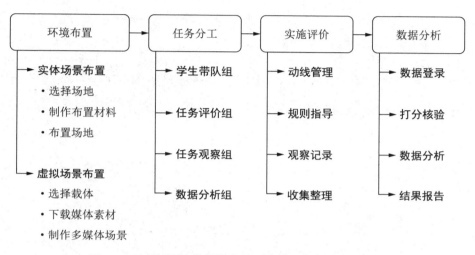

图5-2　基于故事情境的期末综合素养评价活动实施流程

❖（一）环境布置

环境布置对于评价活动非常重要，基于情境的环境布置能营造出故事的氛围，帮助学生快速地、沉浸式地进入熟悉的故事。同时，模拟真实的一幕幕分故事环境背景能指引学生一步一步地去探究。环境布置可以分为实体场景环境布置和虚拟场景环境布置。

1. 实体场景环境布置

实体场景环境布置由美术组的教师根据故事情境，采用绘画、手工，或者打印等方式，制作故事的人物形象以及情境的环境背景，并在活动场所进行分情境的布置。学生们一进入活动场所就进入熟悉的故事氛围中，被妙趣横生的场景所吸引，消除紧张感，激发探究的兴趣和动力。以下是2021学年第一学期期末学生综合素养评价《木偶奇遇记》的实体场景环境布置（见图5-3）。

木偶成形

寻找食物

父子团聚　　　　　　　　**说谎恶果**

仙女搭救

图5-3　2021学年第一学期期末学生综合素养评价《木偶奇遇记》的实体场景环境布置

2. 虚拟场景环境布置

虚拟场景环境布置由信息组的教师根据创编的故事情境，下载素材，模仿故事人物的语音语调录制音频，在平板电脑上制作评价任务。当学生们拿起平板电脑，看到的是极其生动的卡通形象、色彩协调的动感画面，听到的是惟妙惟肖的任务语言，一下子就唤醒曾经的阅读体验，马上就可以进入故事情境。以下为2019学年第一学期期末学生综合素养评价《绿野仙踪》的虚拟场景和任务（见表5-4）。

表5-4　2019学年第一学期期末学生综合素养评价《绿野仙踪》的虚拟场景和任务表

情境	情境一	情境二	情境三	情境四
名称	帮助稻草人寻找大脑	帮助铁皮人寻找心脏	帮助狮子获得勇气	打败恶女巫，寻找魔力，回到家乡
角色	稻草人	铁皮人	狮子	多萝茜
学科	数学、美术	自然、体育、探究	语文、道德与法治	唱游、英语
任务	利用不同图形组成稻草人；稻草人通过计算驱赶来吃麦子的鸟儿	挑选心脏的图形，说明心脏的功能，并通过运动来强健心肌	狮子克服胆小懦弱的缺点，在成为森林之王后发表怎样治理森林的演说	多萝茜和女巫交谈，并唱出表达快乐的歌曲战胜女巫，回到家乡后和伙伴交流对话
场景				

●（二）任务分工

基于故事情境的评价活动需要教师齐力协作，全方位观察学生的各种表现。因此，为了保证测评活动的顺利开展和有效实施，在实施评价活动时，教师被分成五个评测组，分别是学生带队组、数据分析组、任务评价组、任务观察组和拍摄记录组，每一个测评组也进行了细化分工，具体分工见表5-5。

表5-5　评价活动实施时的教师分工

评测组	具体分工
学生带队组	将参加活动的学生分为若干小组，教师带领其参与各个故事情境的评价活动，同时对学生参与活动的行为习惯做好评价
任务评价组	教师依据等第制描述标准，对学生完成故事情境中的任务表现进行等第制评价并及时做好记录，对打分存疑的部分进行标注，便于后期核验
任务观察组	教师随机抽样部分学生，根据观察记录表上的观察要点，及时进行学生表现的记录，对打分存疑的部分进行标注，便于后期核验
数据分析组	活动后将评价组、观察组等信息收集起来，并进行汇总统计，分析数据显现的学生能力发展的状况
拍摄记录组	使用录像设备，对学生的表现进行拍摄记录，以备后期数据核验和教师反思

❤（三）实施评价

学生在情境中扮演角色，根据情境的需要，或个人完成任务，或与他人合作解决问题，和小伙伴一起感受成功的喜悦。

例如，二年级第二学期的综合素质测评中，我们创设了《彩虹色的花》的实体故事情境。在《彩虹色的花》故事情境中，学生们将手持评价等第记录表，依次经历以下情境：①给蜥蜴做衣裳（英语和美术学科）；②用花瓣做礼物（语文和道德与法治学科）；③助蚂蚁过水洼（数学和体育学科）；④用尽花瓣（唱游学科）；⑤重获新生（自然和探究学科）。在此过程中，学生们运用学过的知识解决问题，完成任务。

● （四）数据分析

在测评活动结束后，负责老师进行细致的登分工作。这意味着老师会仔细检查学生的答卷，并根据评分标准给出相应的分数。对于现场评价时存疑的地方，老师可能会查看录像以核实分数的准确性。登分和核验工作完成，学校汇总学生在活动中的各项数据。这可能包括学生的得分、表现、成绩等。这些数据将会被用于教师的针对性分析，以了解学生的能力发展情况。教师对学生的表现进行综合分析，并反思和改进自己的教学行为。他们将会思考哪些教学方法和策略是有效的，哪些需要改进。通过这样的反思过程，教师可以提高自己的教学水平，并更好地满足学生的需求。此外，学校能够利用学生在活动中的数据作为参考，进一步提升教育教学管理水平。学校可以根据数据分析结果，制定相应的教育政策和改进措施，以优化教学质量和学生的学习成效。

整个过程强调了数据的收集、分析和应用，旨在提高教学的科学性和个性化。通过对数据的细致分析和反思，教师和学校可以不断优化教育教学，为学生提供更好的学习环境和教育质量。

第三篇
基于故事情境的综合素养评价的
实践范例

第六章　基于故事情境的综合素养评价应用之《木偶奇遇记》

万科实验小学完成理论架构后，形成了系统完整的小学低年级学生综合评价指标体系，并继续深入实践，用实践检验理论的信度与效度。本章主要叙述以《木偶奇遇记》为故事情境应用综合素质评价的实施前、中、后的路径安排和学生在其中的表现记录。实施前的准备包括故事的选择以及表现任务设计所对应的学科要求和关注的综合素养；实施中的记录包括学生在不同情境和不同任务的表现；实施后的活动则主要包括数据的分析和学生的表现评价总结。

在提倡素质教育的当今，学生的综合素养的提升涉及智力、能力、发展等多方面的改变。智力是素养形成的基础，它也是素养的核心要素，在素养的形成中起到了重要的支撑作用。在某种程度上，智力上的天生差异对个人综合素质的结构有一定影响。相应地，提高综合素质也能推动天生智力的持续优化，二者相辅相成，互相促进。联合国教科文组织在《教育——财富蕴含其中》一书中提出了"学会求知，学会做事，学会共处，学会做人"的"四个学会"，它是一种学习能力的改变，是一种学习能力的直接表现。人的发展包含了个性发展和社会性发展两部分，个性发展指的是一个人在他的诸多发展领域中的一个方面有了比较突出的表现，而社会性发展则是指一个人在社会规范的要求下，在与群体融合的过程中的表现。素质是学生个体发展和社会性发展的决定性因素，如果没有素质的差异性作为前提，就不可能实现社会多元化发展。万科实验小学开展的教育研究中，将综合素质界定为"学生应具备的、能够适应终身发展和社会发展需要的、解决真实情境中综合问题所必需的必备品格和关键能力"。

故事就是用叙事性的方法来讲述一件具有一定道德意义的事情。故事属于一种文学体裁，它把重点放在对事件发展过程的描写上，着重对故事情节的生动性和连贯性，因此它更适合于用言语来叙述，其中既有已经发生的事，也有想象中的故事。在教学中运用故事情境的重要性已为许多学者所认可。

本研究聚焦于故事情境的运用与综合素养的评价，将基于故事情境的评价定义为"一种评价学生综合素养的方法，是一种表现性评价"。在课堂教学中，教师所创造的故事情境就是表现性评估的情境。通过对所学知识的运用，学生能更好地掌握所学知识，并能更好地运用所学知识。教师根据观察量表和评分标准，给学生在故事情境中的表现打分，并做出评估。教师选择《木偶奇遇记》作为开展基于故事情境的小学低年级学生综合素养评价实践研究，首先是因为该书适合当前儿童认知发展阶段，其次是因为该书有着丰富的故事情节，适宜创编相应情境。故事情境丰富学生的感知体验，让学生不仅看到文字，更通过亲身体验提升学生的综合素质。

■ 一、《木偶奇遇记》的内容与教育价值

一、二年级评价活动选择了世界经典童话《木偶奇遇记》作为评价的故事情境。首先，就选择依据而言，《木偶奇遇记》的价值观导向积极正向，内容丰富，阅读难度适中，人物匹诺曹贴合现实生活。

《木偶奇遇记》的故事对于一、二年级的小朋友而言应该是耳熟能详的。匹诺曹的人物形象在小朋友的心中也有着十分深刻的印象。其次，就选择方法而言，《木偶奇遇记》是师生的共同选择。在前期的调研活动中，小朋友展现了对童话故事的喜爱，对《木偶奇遇记》的故事情节津津乐道。老师也从学科角度认为《木偶奇遇记》符合学生当前的身心发展规律，可以进一步开展情境活动，提高学生的综合素质。在评价开始前，学校也开展了许多铺垫工作。比如，组织学生观看《木偶奇遇记》的动画视频。《木偶奇遇记》被多次改编成影视作品，其中 1940 年上映的动画电影被认为是最经典的，学生可以通过观摩欣赏 1940 年版的动画片段，直观地了解故事的内容。除了观赏电影，学生还可以通过阅览故事书和绘本的方式，进一步了解作品。在课堂上，老师也将匹诺曹带进了教室与学生互动。例如，英语老师会在课堂上请学生扮演匹诺曹的角色，开展交流对话，从而进一步熟悉作品内容。通过前期阅读，学生们认识了故事中可爱的木偶匹诺曹，爱子心切的老杰佩托，坏心眼的狐狸和猫等主要故事人物，以及他们之间的关系，能分享自己对故事的认识和想法。学生对故事作品的理解越深刻，越能融入综合评价的情境之中，有助于综合素质评价的展开。

《木偶奇遇记》描述了杰佩托如何将一块既能哭又能笑的木材雕刻成木偶，并将这个获得生命的小木偶视为自己的孩子的故事。为了让小木偶接受教育，老人出售了他的上衣。然而，这个小木偶因为沉迷于游戏，甚至为了看戏而毫不犹豫地出售了自己的课本。在木偶戏团中，他得到了善良老板的五枚金币，但在回家的途中，他被狐狸和猫欺骗，导致金币被盗。他被骗去做了"小偷"，从此成了小偷。他被关进了监狱……出狱之后，小木偶由于贪食他人的葡萄而被捕兽夹夹住，不得不成为家中的看家狗。他后悔不已，心里想："如果我能像其他优秀的孩子那样读书上学，那么我现在就能和爸爸共同生活在一个幸福的环境中，而不是成为这里的看门狗。"一天，他在森林里发现一只黄鼠狼。在夜晚，他帮助他的主人捉到了黄鼠狼，从而重新获得了自由。他渴望成为一个勤奋学习的好孩子，但却无法抵挡诱惑。小木偶受到不良同学的怂恿，他逃学到海边观察鲨鱼，后来被诱导到玩儿国，在那里他疯狂地玩耍了五个月，最终变成了一头懒惰且愚蠢的驴。最终，是仙女出现并救下了他。这对父子也在鲨鱼的肚子里意外地再次相遇并成功地逃脱。他们选择在海边定居，小木偶也逐渐成长为一个诚实的孩子。

《木偶奇遇记》所要传达的核心思想其实并不复杂，它通过一个木偶的形象来向我们展示一个人从不完美到完美，从不幸福到幸福的过程。在这个过程中，木偶所表现出的智慧和勇气、对生活的热爱以及对理想世界的追求，都让我们感到无比亲切而又温暖。问题在于，这个表面上看起来简单的观点并不是一个人从出生时就能完全理解的。要想真正地读懂它，必须先做一番细致的分析和研究。如果不这样做，匹诺曹就可以不费吹灰之力地完成这段旅程了。

这个童话故事通过描述匹诺曹经历的种种波折和奇异事件，展示了小木偶对正义的热爱、对邪恶的厌恶和对纯真的追求。它教导孩子们要有能力抵抗各种诱惑，成为一个诚实、听话、热爱学习和劳动的人，以及能帮助他们的父母的好孩子。《木偶奇遇记》是一部充满童趣、富于幻想的作品。作家巧妙地刻画了小木偶这一角色，他是一个天真烂漫，充满幻想和热情的小木偶，聪慧、仁慈、淘气但又有点任性，他的故事为孩子们带来了宝贵的教诲和艺术的启迪。《木偶奇遇记》作为一本童话类图书，带有奇幻的色彩，故事情节跌宕起伏，贴近学生的实际生活，阅读难度适宜，最受孩子们的欢迎。该书内容丰富，人物形象鲜明，在一个个情境中潜移默化地熏陶学生们的道德品质。学生们对小木偶的成长过程充满兴趣，能跟随小木偶体验不同的情感。在阅读中，在情境体验中，激励他们成为一个个诚实、善良、不怕困难的孩子！

■ 二、选取情节，融入学科内容

以故事情境为载体的综合素养评价活动，是指将学生放置在一个丰富而有趣味的故事情境活动之中，并根据情境给出清晰的评估任务，学生以任务驱动的方式进行探究活动，用所学知识去解决问题，感受乐趣，培养素养。创编的情境需要将学生的知识水平和学习能力有效地结合起来，这样才有利于评价，更好地诊断学生的发展。所以，教师首先要选择情节，在故事原文中选择出脍炙人口、符合低年级学生年龄特征的经典情节。然后精练故事情节，用旁白的形式向学生简要地介绍；对剧情进行改编，淡化相对复杂的剧情，抛弃复杂的人物关系，选择积极向上、友善互爱的人物，并利用学科教师的智慧，将其与多学科评价任务巧妙地联系起来。同时，在创作中，要注重故事的简洁、全面和童趣。

学科组教师预先仔细研读文本，然后通过头脑风暴，将书中主要的几个场景作为学科的渗入点，进行学科之间有效的融合后再进行考查点的设计。此外前期的准备还有：让学生进行书本的阅读和视频的赏析，从而对故事情境有更深入的了解，为开展本次评价活动做好铺垫。在学校课程部的统筹安排及各学科老师的全力配合下，基于故事情境的综合评价活动孕育而生，通过将考查内容设置在不同的故事情境中，让学生在故事中完成相应的能力检测。在构建故事情境时，我们必须遵循学生的认知发展规律，确保与学生的身心成长相匹配，并满足他们的认知能力。小学低年级的学生总是充满活力和好奇。教师需要采取措施，向学生展示一些能激发他们兴趣的故事情节。这种做法不仅能让那些看起来与学生生活相距甚远的作品更加贴近实际，还能更有效地反映学生的心理和生理发展状况，使学生觉得学习是一件富有趣味性的活动，进而激发他们的学习热情，并体现出"以学生为中心"的教育理念。因此，教师在教学过程中需要经历选择情节、精练情节和改编情节这三个阶段，以确保最终生成的故事场景具备简明、全面和富有童趣的特质。

　　首先，教师们根据低年级学生的年龄特征，从小说文本中筛选出最受欢迎和最适合他们的经典故事。在故事的选取上，还应充分考虑到小学生的认知水平，并润物细无声地进行品德教育。《木偶奇遇记》中，老师选取匹诺曹改过自新、浪子回头这一情节，让学生从中领悟出他的善良、向上的品格。选择好主题情节后，教师通过简明扼要的文字，提炼出情节中的主要内容。简洁的情节可以帮助学生快速进入故事情境，开启后续的评价活动。在《木偶奇遇记》的故事创编中，数学学科的教师选取了老杰佩托送匹诺曹上学到匹诺曹贪玩逃学这一段情境，开始设计营造相关的环境氛围，并根据评价目标与内容设计表现性评价任务，要求学生运用新旧知识解决问题，提升学生的认知、思维等能力。若仅按照原文中故事情节开展评价活动，势必与学科知识联系不大。教师不仅要删减情节，还要经过修改、添加、续写等，把所想表现的思想内涵及优秀品质留存下来，并通过有理有据的想象及生活化的文字巧妙地同评价任务联系起来。例如，在场景五"重获新生"中，唱游学科的老师创编故事情节："匹诺曹拿着金币，没有顺利到家，反而遇到了生命危险，就在危急时刻，一位长着天蓝色头发、相貌端庄的仙女姐姐救了他。终于匹诺曹醒来了，他十分想念自己的父亲，仙女送给他一位好朋友，让他们一起回去接爸爸。本学期我们学唱了一首歌曲《一对好朋友》（二年级演唱歌曲《草原就是我的家》），你可以加入动作表演这首歌曲吗？"这不仅结合并适应故事发展情节，而且能够激发学生参与评价活动的兴趣，提高参与度。

各学科教师将《木偶奇遇记》主要设置了五大连续故事情节，分别为"木偶成形""探索世界""说谎恶果""父子团聚"和"重获新生"。与此同时，教师们创编相应的故事情境，容纳相应的多学科知识，让学生在体验情境中获得有关学科的综合性知识、应用综合性知识，从而提升自身的综合素质。小学低年级学生综合素质评价指标体系包括认知能力、思维能力、表达能力、审美能力、运动能力、想象能力。

◆（一）场景一：木偶成形

"神奇的小木偶是怎么做成的？快来帮助匹诺曹变成人形吧！"在这个主题下，学科教师敏锐感知到体育与数学学科可以结合，创编相应情境，培养学生的认知能力、思维能力和运动能力。数学活动中，以一年级的综合素质评价为例。教师创设故事背景："神奇的木头想要找到木匠的家，可是在哪里呢？"

匹诺曹：哇，我能动了！

匹诺曹：这里有好多木偶，我太喜欢了！我看到 5 个小鸟木偶。

木匠：是的，爸爸还做了 7 个兔子木偶，可惜有 3 个兔子做坏了，那你知道现在一共有几个木偶吗？

教师布置相应的情境任务，如"请你算一算木匠家的门牌号是多少吧（算式：16 的一半）"，根据学生的表现评价其学习习惯、学习兴趣和学习成果。数学学科方面，基于故事情境的小学数学学科素养表现性评价是通过营造一定的故事情境，引导学生在故事中扮演角色解决数学问题，教师观察学生活动过程中的表现，以"学习兴趣""学习习惯"和"学业成果"为评价维度，对学生进行抽象、空间观念、推理能力、模型思想、数据分析等数学学科素养的评价。

体育活动中，以"小木偶经历了这么多的考验，终于成为一个真正的男孩子，兴奋极了，怎么能不活动一下呢"为故事情境，再根据不同年级学生的实际要求进行相应的任务设计，从而对学生的核心素养进行表现性评价。体育学科方面，对于小学低年级的学生而言，本着"健康第一"的指导思想，通过情境形式进行体育教学，达到教学目的，激发学习兴趣，已逐步成为体育教师一种行之有效的教学手段。在实施新课程标准发展素质教育的今天，体育课的教学不再是传统、单调、枯燥的，而是要通过教学让学生充分展示自我。特别是对小学低年级的学生来说，通过故事、情境、游戏等活动能激发学生对体育与健康的兴趣，享受体育带来的欢乐，有利于培养学生竞争、合作和创新等意识，增强体质，促进身体全面发展。小学体育教学中，培育学生的核心素质主要是通过发展学生的运动能力，培育学生良好的运动意识，并不断提高学生体质水平等手段来实现。因此，小学体育教学发展学生核心素养的主要表现有以下三方面的特征：①通过多样的运动技能学习，帮助学生掌握一定的运动技能，从而提高学生的运动能力。②通过兴趣化的教学手段，引导学生参与体育学习，逐步提高学生的运动意识，并自觉地参与运动锻炼，形成良好的运动习惯。③不断积累健康知识，通过在体育课上对学生体育知识方面的教学，帮助学生提升掌握健康知识的能力，理解健康行为，并掌握一定的体育锻炼基本知识，指导日常的体育锻炼。

（二）场景二：探索世界

"顽皮的匹诺曹离开爸爸，踏进了一个未知的世界，他是怎么生存的呢？"在此主题下，结合《木偶奇遇记》中小木偶遇到的磨难，如匹诺曹不幸变成毛驴，融合英语与自然学科，创设故事情境，布置情境任务，学生在完成任务过程中提升认知、思维和表达能力。在英语学科方面，"语言能力是指在社会情境中，以听、说、读、看、写等方式理解和表达意义、意图和情感态度的能力"。语言能力的具体表现为理解能力和表达能力，显性行为是听、说、读、看、写。其中听、读、看是信息的输入途径，说、写是信息的输出途径，强调在语境下运用语言知识获取信息、吸收信息、综合信息和传递信息，同时提出多模态语篇概念，即口语、书面语、新媒体等多种语篇类型，也包括了各种文体。在英语评价活动中，老师用引导性的问题让学生观察创设的实体场景或虚拟场景，如"Look at the picture，what can you see"，鼓励学生用所学过的英语来表达和完成相应的情境任务，养成倾听和观察的习惯，提升读图和日常对话能力等。基于故事情境的小学英语学科素养表现性评价，同样以学习兴趣（任务参与度）、学习习惯（倾听习惯、观察习惯、会话习惯）、学业成果（读图能力和日常对话能力）为评价维度，评价学生的表现。

（三）场景三：说谎恶果

"撒谎骗人会招致可怕的后果，匹诺曹应该如何改正这个坏习惯呢？"匹诺曹撒谎后变成了长鼻子，小木偶难过震惊不已，不仅如此，饥肠辘辘的他还遭受了老人的白眼，不愿给他食物。我们结合语文和道德与法治学科创设情境，如"小朋友，你碰见失落的匹诺曹，会怎么安慰他呢"，让学生设身处地，不仅成为旁观者，更成为亲历者，换位思考自己该如何做或者如何帮助匹诺曹。在语文学科方面，着重提升学生的表达能力。老师们研读了课程标准内容，了解低年级学生需要达到哪些目标，再结合学校提出的综合素养六大能力，即认知能力、表达能力、想象能力、审美能力、运动能力、逻辑推断能力，确立了评价目标。本次语文学科将考查学生的认知能力和表达能力，针对一、二年级学生这一学期所学知识进行分析探讨，确立本学期学生所需要考查的能力点分别为认知能力、语言表达能力及逻辑思维能力，着重考查学生的表达能力。评价目标包括：①学生是否能够借助拼音正确认识汉字。②学生是否能够在了解故事内容的基础上，根据故事内容选出符合故事情境的词语，并说说故事内容。③学生是否能够合理想象故事之后的内容，并表达清楚。

● （四）场景四：父子团聚

"爸爸为了寻找匹诺曹不幸落入鲨鱼肚中，父子意外团聚，该怎么逃离大鲨鱼的肚子呢？"变成驴的匹诺曹被最后一个买主推到海里，买主打算把他淹死，用他的皮做鼓面，可匹诺曹掉到水里时立马变成了木偶，被鲨鱼吞进了肚子。他竟然在鲨鱼的肚子里碰到了杰佩托爸爸。原来，爸爸在乘船出海寻找匹诺曹的时候，被鲨鱼吞进了肚子。他们在鲨鱼张着嘴睡觉的时候，找机会从鲨鱼肚子里逃了出来，在金枪鱼的帮助下上岸了。结合故事情境，美术学科和探究学科各自创设符合故事情境发展的相应情境任务，如美术学科布置情境任务：父子在船舱里发现了一幅残缺名画《朵拉·玛尔的画像》，你知道这是谁的作品吗？让学生在思考与动手中开拓视野，提升学生的认知能力、想象能力、表达能力和思维能力。在美术学科方面，美术探究审美能力，也就是艺术鉴赏力，是指人感受、鉴赏、评价和创造美的能力。审美感受能力指审美主体凭自己的生活体验、艺术修养和审美趣味，有意识地对审美对象进行鉴赏，从中获得美感的能力。审美评价能力指在审美鉴赏基础上，对审美对象的性质、价值、形式和内容等进行分析，并做出评价的能力。审美创造能力指在具备一定的审美感受、鉴赏和评价能力的基础上，运用某种艺术形式和表现技巧，创造美的艺术形象的能力。审美能力是后天培养的。发展审美能力，是审美教育的重要任务。

🌰（五）场景五：重获新生

"一路奇遇，从顽劣到懂事，匹诺曹终于改正了缺点，成为一名真真正正的男子汉啦！"历经磨难的匹诺曹决心做个好孩子，和爸爸一起过诚实勤劳的生活，并帮助生病的爸爸努力干活，终于成为一个真正的好孩子。在这个主题下，唱游学科结合一、二年级学生的实际学习情况，创设情境任务，发展学生的审美能力，结合唱游学科的特色，开展丰富的评价活动。新课标要求，在评价的过程中，除了重视学生对任务的完成度，还要积极关注学生在评测过程中思维活动的评价，重视学生在情感、态度与价值观上的表达，以此达到全面评价学生的目的。一直以来，唱游学科的综合素养评价方式都是歌唱表演，其实我们不妨换一种策略，结合课本上的乐理知识，设计一些互动性较强的题目。

例如，可以设置学生创编节奏，用小手小脚为歌曲伴奏，以此考查学生伴奏与创编能力等。视唱音名，为空白的歌谱填上正确的音符，以此考查学生的音准与视唱能力。结合歌词内容开展律动表演，或用静态展示的方法表现歌曲场景，考查学生律动创编能力，进一步促进学生理解歌曲内涵。听歌识曲，说出听到歌（乐）曲的名称，全面考查学生对于本学期所学内容的掌握程度，还有歌词创编、师生接龙唱等等。在与教师的互动过程中，教师能更好地观察学生的各项反馈，从而进一步提高学生在互动中解决问题的能力，培养自主创新的意识。

综上，万科实验小学教研组经过深思熟虑，兼顾低年级学生阅读兴趣，从语文、数学、外语、音乐、体育、美术、探究、道德与法治等学科范围出发，选择在学期末创设《木偶奇遇记》故事情境。《木偶奇遇记》里，匹诺曹由任性调皮、好吃懒做、喜欢撒谎、对别人漠不关心、不喜欢学习、成天只顾玩耍的小木偶，转变成为一个懂得礼貌、热爱学习、勤奋工作、孝敬老人、关心别人的好儿童，在他身上发生的一串串奇遇充满着童趣和想象。发生在匹诺曹身上的这个故事让我们看到，儿童的自然天性有很多地方需要被纠正。换言之，自然天性中常有许多不完善之处，有待我们去逐步完善。这一故事的特色，逐渐地反映到评价这一活动中来，使学生更进一步地亲身感受，落实素质教育。表 6-1 为《木偶奇遇记》故事情境与对应的评价学科与能力。

表6-1　《木偶奇遇记》故事情境与对应的评价学科与能力

文本：《木偶奇遇记》				
序号	故事情节	创编情境	学科	能力
1	木偶成形	神奇的小木偶是怎么做成的？快来帮助匹诺曹变成人形吧	数学、体育	认知、思维、运动
2	探索世界	顽皮的匹诺曹离开爸爸，踏进了一个未知的世界，他是怎么生存的呢	英语、自然	认知、思维、表达

（续表）

文本：《木偶奇遇记》				
序号	故事情节	创编情境	学科	能力
3	说谎恶果	撒谎骗人会招致可怕的后果，匹诺曹应该如何改正这个坏习惯呢？	语文、道德与法治	认知、想象、表达、思维
4	父子团聚	爸爸为了寻找匹诺曹不幸落入鲨鱼肚中，父子意外团聚，该怎么逃离大鲨鱼的肚子呢？	美术、探究	认知、思维、审美、表达
5	重获新生	一路奇遇，从顽劣到懂事，匹诺曹终于改正了缺点，成为一名真真正正的男子汉啦	唱游	审美

三、基于故事情境的评价任务设计

在进行了多轮以故事情境为基础的综合素养评价任务设计的过程中，项目组逐步确定了以选择故事文本、创编故事情境、制定评价方案为主要内容的综合素养评价任务设计的基本流程。这一过程为构建以故事情境为基础的学生综合素质评估任务提供了明确的思路。在明确了特定的故事情境之后，各学科教师再共同设计出自己所教课程的评估计划，并明确评估目标、评估任务以及评估规则。本节以《木偶奇遇记》的数学学科为例。

（一）评价目标的确立

基于故事情境的小学数学学科素养表现性评价目标是以小学数学课程目标为基础，结合学校育人目标，兼顾学生年龄、认知等特性形成评价目标和各等第评价标准，关注学生学习兴趣、学习习惯和学业成果等维度，凸显表现性。

在梳理了二年级数学学科年段课程目标的基础上，教师着手制定本次表现性评价的评价目标。教师将知识与技能目标结合本学期教学重难点，转化为学业成果维度的评价目标；将过程与方法目标转化为习惯表现维度的评价目标；结合学校"学会自主，拥有自信"的办学理念，将情感与态度目标转化为兴趣表现维度的评价目标，最终确立了本次数学学科表现性评价的评价目标。（见表6-2）

表6-2　二年级第一学期数学学科期末基于故事情境的表现性评价目标

学业成果评价目标	1.运用乘法口诀解决故事情境中的计算问题 2.认识故事情境中长方体等图形，并根据它们的基本特征解决问题 3.初步根据故事情境中的统计结果回答一些简单问题
习惯表现评价目标	1.认真倾听，仔细观察 2.动手操作，良好表达 3.积极思考，主动提问
兴趣表现评价目标	1.喜爱并关注故事情境发展 2.主动接受故事情境中的任务 3.积极参与故事情境中的问题解决

（二）评价任务设计

当前学期的二年级评价活动选择了世界经典童话《木偶奇遇记》作为评价的故事情境。通过前期阅读，学生们认识了故事中可爱的木偶匹诺曹，爱子心切的老杰佩托，坏心眼的狐狸和猫等主要故事人物，以及他们之间的关系，能分享自己对故事的认识和想法。在此基础上，学校确定了《木偶奇遇记》为学生综合素养评价的故事情境。数学学科的教师选取了老杰佩托送匹诺曹上学到匹诺曹贪玩逃学这一段情境，开始设计营造相关的环境氛围，并根据评价目标与内容设计表现性评价任务。（见表6-3）

表6-3　《木偶奇遇记》数学学科评价任务表

故事情境	表现性任务	评价内容	维度指向
任务一：老杰佩托为了让匹诺曹去学堂上课，卖掉了自己又厚又暖和的外套	老杰佩托获得了（　）枚金币	喜爱故事情境 主动了解任务 倾听、表达、观察、验算 能运用乘法口诀计算	兴趣表现 习惯表现 学业成果
任务二：匹诺曹可以去上学啦！他第一天来到学堂，领到了一本《算术法则》的课本	书中有一道题：搭一个长方体，红色的小球还缺（　）个，黄色的小棒还缺（　）根	乐意接受情境 积极参与问题解决 操作、验算、表达 根据长方体基本特征说出缺少的小球和小棒	兴趣表现 习惯表现 学业成果
任务三：匹诺曹卖掉课本，走进了剧场看木偶剧	观众席上的座位好多啊！匹诺曹算了算，一共有（　）个座位	关注情境发展 主动了解任务 观察、表达、验算 能运用乘法口诀计算，算法多样化	兴趣表现 习惯表现 学业成果
任务四：匹诺曹跟随坏心眼狐狸和猫来到一个叫神奇世界的地方"种金币"	匹诺曹打算把这些金币平均分给7个好伙伴，每人可以得到（　）个，还剩下（　）个	理解故事情境 主动判断是非 积极参与问题解决 提问、观察、验算、表达 能运用乘法口诀计算有余数除法	兴趣表现 习惯表现 学业成果
任务五：匹诺曹被狐狸和猫骗走钱后，他穿过一座森林，来到一个葡萄园	葡萄架上有一个正方形藤架，请你帮助匹诺曹把这个正方形画完整	乐意接受情境 积极参与问题解决 观察、提问、操作、验算 根据正方形基本特征，画出正确的正方形	兴趣表现 习惯表现 学业成果

（续表）

故事情境	表现性任务	评价内容	维度指向
任务六：回家的路上，匹诺曹在玩儿国里四处游逛，发现这个地方的人都在玩耍	根据匹诺曹的统计图提出一个问题，并尝试解决	关注情境发展 积极参与问题解决 观察、提问、表达 初步根据统计结果解决简单问题	兴趣表现 习惯表现 学业成果

（三）评分标准的研制

评价量规以评价目标为指引，力求科学规范，关注素养，多维设计，体现分层。配合"木偶奇遇记——小小探索，大大收获"评价活动设计的六个数学学科任务，教师制定了相匹配的评价量规。（见表6-4）

表6-4 "木偶奇遇记——小小探索，大大收获"评价量规

评价维度		评价标准				学生表现（等第）
		A	B	C	D	
学习兴趣		对故事情境进展表现出浓厚的兴趣；积极了解任务要求，主动尝试用学过的方法来解决问题	按要求听故事情境，反馈及时；了解任务要求后，会尝试用学过的方法来解决问题	被动听完整故事进展，经提示后，进行反馈；需要提醒进而明确任务的要求，被动进行问题解决	游离于任务活动之外	
学习习惯		能清晰有条理地表达自己的想法；能主动按要求完成图形的操作；计算过程中能自觉验算、改错	能完整表达自己的想法；能按要求完成图形的操作；计算过程中一次完成	经提醒后，能理清自己的想法；经提示后能进行图形的操作；计算过程中出现错误	注意力不集中，无法表达自己的想法；不能进行图形的操作；计算不正确	
学业成果	任务一	能熟练运用乘法算式3×8或8×3解决问题，并且计算结果给出得既快又对	能运用乘法算式3×8或8×3解决问题，并正确计算结果	能运用数一数等其他方法解决问题，并正确计算结果	没有解决问题的方法	

（续表）

评价维度		评价标准				学生表现（等第）
		A	B	C	D	
学业成果	任务二	能通过算式8-5、12-6解决问题，并且计算结果给出得既快又对	能结合数一数、图画等方法解决问题，并正确计算结果	能结合数一数或图画等方法解决问题，计算结果不正确	没有解决问题的方法	
	任务三	能通过分步算式3×8+3×10等算式解决问题，并正确计算结果	能结合算式、数一数或图画等方法解决问题，并正确计算结果	能结合算式、数一数或图画等方法解决问题，计算结果不正确	没有解决问题的方法	
	任务四	能通过分步算式6×6、35÷7算式解决问题，并正确计算结果	能结合算式、数一数或图画等方法解决问题，并正确计算结果	能结合算式、数一数或图画等方法解决问题，计算结果不正确	没有解决问题的方法	
	任务五	能熟练地在平板电脑上按要求画完整正方形	能在平板电脑上按要求画完整正方形	经提醒能在平板电脑上按要求画完整正方形	没有解决问题的方法	
	任务六	能熟练地根据条形统计图提出合适的问题，并尝试正确解答	能根据条形统计图提出合适的问题，并尝试正确解答	经提醒能根据条形统计图提出合适的问题，并尝试正确解答	没有解决问题的方法	
教师评语						

观察量表制定后，在确立评价目标的基础上，教师着手梳理评价内容，罗列二年级第一学期数学学科"表内乘除法及应用""用合适的符号表示未知数""长方体与正方体、长方形与正方形的认识""条形统计图及应用"等学习内容。教师从学习兴趣、学习习惯及学业成果三个观察维度，确定表现性评价观察点，并制定了学科素养评价的维度及观察示例表。（见表6-5）

表6-5　二年级第一学期数学学科期末表现性评价维度及观察示例

评价维度	表现性观察示例
兴趣表现	阅读兴趣：倾听故事情境，感知材料中的数学信息的情况
	探究兴趣：根据任务要求，用学过的方法来解决问题的情况
习惯表现	认真倾听：听懂故事情境中数学任务要求的情况
	表达习惯：能清晰有条理地表达自己想法的情况
	提问习惯：遇到任务要求不明确时，能主动提问求助
	操作习惯：按要求完成图形操作等的情况
	仔细观察：看懂故事情境中数学任务要求的情况
	验算习惯：自觉检验、改错的情况
学业成果	方法掌握：运用所学知识解决实际问题的情况
	熟练度、准确度：练习中计算正确率及完成速度情况
	灵活运用：选择合适的算法，操作熟练程度的情况

四、基于《木偶奇遇记》的综合素养评价过程

基于故事情境的评价活动实施的基本流程，主要包括环境布置、任务分工、评价实施、数据分析四大步骤，其中环境布置包括实体场景环境布置和虚拟场景环境布置。完整的流程安排为此类评价的实施提供了清晰的路径。

（一）环境布置

1. 实体场景环境布置

《木偶奇遇记》故事情境的实体场景环境布置由美术组的老师以故事内容为基础，营造"经历磨难""养成美德"两大故事情境，采用绘画、手工、打印等方法，又分设"木偶成形""寻找食物""说谎恶果""父子团聚""仙女搭救"五个分情境，设计出故事的人物形象和情境的环境背景。这样，低年级学生只要踏进活动场所，马上就能进入耳熟能详的匹诺曹的人物经历中，被有趣的情境吸引，从而激发了

他们探索的兴趣和动机。

2. 虚拟场景环境布置

虚拟场景环境布置是由信息组的教师根据他们自己设计的故事场景，下载素材，模仿故事角色的语音和语音进行录音，然后在平板电脑上完成评价任务。通过这个过程来培养孩子对阅读的兴趣和习惯。当拿起平板电脑，目睹那些栩栩如生的卡通角色、色彩和谐的动态画面和生动逼真的任务描述时，学生可以立刻回想起过去的阅读体验，并迅速沉浸在故事的背景中。以下为2021学年第一学期期末学生综合素养评价《木偶奇遇记》的虚拟场景和任务（见表6-6）。

表6-6　2021学年第一学期期末学生综合素养评价《木偶奇遇记》的
虚拟场景和任务表

情境	情境一	情境二	情境三	情境四	情景五
名称	木偶成形	探索世界	说谎恶果	父子团聚	重获新生
角色	小木偶匹诺曹	小木偶匹诺曹	小木偶匹诺曹	小木偶匹诺曹	小木偶匹诺曹
学科	数学、体育	英语、自然	语文、道德与法治	美术、探究	唱游
任务	快来帮助小木偶找到家里的门牌号！小木偶经历这么多的考验，终于成形啦，他兴奋极了，怎么能不活动一下呢？请你完成一个武术组合动作吧（马步横冲拳）	匹诺曹现在是一头毛驴，他很伤心。仙女出现了，他请求仙女的帮助，请完成对话。你能帮帮匹诺曹的爸爸教他利用现有材料重新制作一根蜡烛吗？说说制作小蜡烛过程中，物质状态发生了哪些变化	小朋友，你碰见失落的匹诺曹，会怎么安慰他呢？在这个寒冷的冬夜，匹诺曹走回温暖的小家，你的家乡在哪里？用几句话介绍一下你的家乡吧	父子在船舱里发现了一幅残缺名画《朵拉·玛尔的画像》，你知道这是谁的作品吗？你能将这幅"多视角的脸"修复完整吗？赶快试试看吧！聪明的你，能告诉匹诺曹辨别有毒的塑料盒的方法，让他的鼻子变回去吗	本学期，我们学习了一首歌曲《草原就是我的家》，你可以加入律动向仙女表演这首歌曲吗
场景					

🐝（二）任务分工

在基于故事背景的评估活动中，教师需要共同努力，全面地观察学生的各种行为和表现。只有这样才能全面地了解学生的学习情况，从而为改进教学方法提供依据。因此，为了确保评估活动能够顺利进行和有效执行，在进行评估活动的过程中，教师被划分为五个不同的评估小组：学生带队组、数据分析组、任务评价组、任务观察组以及拍摄记录组。每个评估小组都有明确的职责划分，具体的任务分工见表5-5。

🐝（三）实施评价

在特定的情境中，学生们扮演各种角色，他们可以根据情境的需求，单独完成任务，或者与他人合作来解决问题，与朋友们共同体验成功带来的快乐。基于故事情境的评价是表现性评价的一种方式，学生在参与评价的过程中感受到了活动内容的有趣、新奇。这种评价目前以教师评价学生为主，将来还可以尝试学生自评、生生互评、网络评价等评价手段，促使学生在整个评价活动过程中有来自自我、同伴及社会的评价。

在《木偶奇遇记》故事情境中，老师和学生们手持评价等第记录表，依次经历以下情境：（1）木偶成形（数学和体育学科）；（2）探索世界（英语和自然学科）；（3）说谎恶果（语文和道德与法治学科）；（4）父子团聚（美术和探究学科）；（5）重获新生（唱游学科）。通过对所学内容的分析，可以使学生更好地运用所学知识，更好地完成所学内容。

🐝（四）数据分析

当教师对每个班级中所有学生的成绩打分之后，可以通过计算机将这些数据输入系统内。这表明教师将对学生提交的答卷进行细致的审查，并依据评分准则给出相应的得分。当学生填写完答案之后，教师就可以开始对其进行评分了。在进行现场评估时，如果存在疑虑，教师可能会查阅视频资料以确认分数的真实性，学生如果发现问题及时反馈给教师。完成了成绩登记和核实任务后，学校将学生在各项活动中的数据进行汇总。这可能涉及学生的分数、表现以及成绩等多个方面。教师可以通过对学生成绩等相关数据的统计分析来判断学生是否达到了预定目标，或者存在哪些问题。这批数据将被教师应用于进行目标明确的分析，以便更好地了解学生的能力成长状况。教师需要对学生的表现进行全面的分析，并对自己的教学行为进行反思和改进。在这个基础上，教师将会根据自身的实际情况制定相应的教学策略来帮助学生提升学习效率。他们会仔细考虑哪些教学手段和策略是行之有效的，哪些方面需要进行优化。通过不断总结、反思、调整，最终实现自我成长。评价活动后，教师会对流程环节、评价量规等进行反思，提出整改建议，以达到优化下一轮评价活动流程的目的。同时，对评价结果的数据分类汇总、比对分析也相当重要。教研组可以通过这些数据，研讨教学方式的改进。教师还可以尝试借助网络平台等为学生建立不同学科素养评价档案，以便做长期评价分析研究。

经过这种深入的反思，教师不仅能够提升自己的教育能力，还能更有效地满足学生的期望和需求。因此，学校应该鼓励教师开展各种形式的教研活动，促进教师之间的交流与合作，从而为教学服务。此外，学校有能力借助学生在各种活动中收集到的数据作为参考依据，以进一步优化教育和教学管理的质量。依据数据分析的成果，学校有能力制定合适的教育方针和优化方案，以提升教学品质和学生学习效果。

该过程着重于数据的搜集、解析和运用，目的是提升教学方法的科学性和个性化水平。本节内容主要介绍了大数据分析在小学数学课堂教学中的运用研究，并提出一些建议与思考。通过对数据进行深入的分析和反思，教师和学校有能力持续改进教育和教学方法，从而为学生创造一个更加良好的学习氛围，提高教育水平。

五、学生的表现

小学初级阶段的学生综合素质评估指标体系涵盖了六个主要指标和二十五个次要指标。其中，"认知能力"这一维度是由知识储备能力、知识应用能力和认知过程能力这三个二级指标组成的；"表达能力"这一维度是由四个二级指标组成的，分别是语言表达能力、书写表达能力、图像表达能力和社交表达能力；"思维能力"这一维度是由创新能力、批判性思维能力、判断力和决策能力这三个二级指标组成的；"审美能力"这一维度是由美学感知、创意思维、艺术欣赏、文化素养、美学表达和美学评价这六个二级指标组成的；"想象能力"这一维度是由五个二级指标组成的，分别是想象力的活跃度、创造性思维的能力、想象力的应用能力、想象力的表达能力和创造力；"运动能力"这一维度是由四个二级指标组成的，分别是运动技能、运动协调性、运动意识以及运动能力的综合素质。

每一项二级指标都配备了明确的评估准则，总共有三十八个具体的评价标准。在应用这一评价指标体系的过程中，我们根据李克特五级量表的评价标准，对每一个二级指标进行了详细的评分，并在"5优秀、4良好、3中等、2合格、1不合格"的评分体系中进行了等级选择。

在这个学生综合素质评估指标体系下，基于《木偶奇遇记》故事情境，各个学科在实施评价任务后进行综合素质评价。以语文学科和体育学科为例。

（一）语文学科的评价结果

结合《木偶奇遇记》这一故事情境，语文教师设计了语文类的三大题型：认知题、选择题和表述题。认知题考查的内容是"匹诺曹"和"蟋蟀"这两个音节，要求学生能够口齿清楚地大声拼读出来，检查他们的拼音学习情况。选择题考查的内容是选择出符合故事《木偶奇遇记》情境的词语，并能大声流利地朗读句子，进行适当的停顿。表述题考查的内容是让学生围绕"匹诺曹后悔"进行展开，让他们说出匹诺曹的想法、说法和做法。表6-7为语文学科《木偶奇遇记》学生评价结果。

表6-7　语文学科《木偶奇遇记》综合素质评价活动学生评价结果

考查内容	考查能力	等第	人数	得分率（%）
认知音节"匹诺曹"和"蟋蟀"，并能口齿清楚地大声拼读	认知能力	A	30	83.3%
		B	4	11.1%
		C	2	5.6%
		D	0	0%
选择出符合故事情境的词语，并能大声流利地朗读句子，进行适当的停顿	认知能力、表达能力	A	9	25%
		B	19	52.8%
		C	6	16.7%
		D	2	5.5%
说出符合故事情境的想法、做法和说法（围绕匹诺曹后悔了而展开），大声流利地朗读，进行适当的停顿	认知能力、表达能力	A	9	25%
		B	14	38.9%
		C	8	26.7%
		D	5	9.4%

（二）体育学科的评价结果

1. 实践班与对照班运动技能学习情况比较

体育教师对实践班与对照班进行运动技能学习测试，测试方法为：同时请 4 名教师对实践班与对照班学生参照动作技能评分标准，进行打分，然后取平均分的整数，作为该名学生最终的测试成绩。测试内容为广播操与武术组合动作。测试结果显示，实践班学生在广播操（T=6.979，P<0.05；M 实践班 =83.56，M 对照班 =75.38，详见表 6-8）、武术组合动作（T=9.090，P<0.05；M 实践班 =85.77，M 对照班 =75.58，详见表 6-8）方面均存在显著性差异。可见，采用故事情境进行小学体育低年级综合素养评价有助于提升学生技能掌握的程度。分析其中原因可知，通过故事情境能激发学生体育学习的兴趣，提高学生体育学习的效果，帮助学生更清晰地掌握动作技能形成的轨迹，帮助学生从易到难，逐步掌握相应的技术。表 6-8 为体育学科《木偶奇遇记》学生技能掌握得分情况。

表6-8　体育学科《木偶奇遇记》综合素质评价活动学生技能掌握得分表

考查内容	考查能力	班级	等第	人数	得分率
广播操	身体协调能力	实践班	A	19	67.9%
			B	5	17.8%
			C	4	14.3%
			D	0	0%
		对照班	A	19	63.3%
			B	4	13.3%
			C	7	23.4%
			D	0	0%

（续表）

考查内容	考查能力	班级	等第	人数	得分率
武术组合动作	力量、协调性	实践班	A	18	64.3%
			B	4	14.3%
			C	6	21.4%
			D	0	0%
		对照班	A	17	56.7%
			B	6	20%
			C	7	23.3%
			D	0	0%

2. 实验后实践班与对照班学生体育学习兴趣比较

我们采用华东师范大学汪晓赞教授所编制的《小学生体育学习兴趣水平评价量表》进行小学学生教学实践后的兴趣化数据采集，量表总计27道题，分为运动参与、体育学习积极兴趣、体育学习消极兴趣与自主学习四个维度。测试结果显示，实践班与对照班在运动参与、积极兴趣与自主学习三个维度上存在显著性差异，且实践班的得分明显好于对照班学生，在消极兴趣上不存在显著性差异。（T运动参与$=2.212$，P$=0.029<0.05$；T积极兴趣$=2.826$，P$=0.006<0.05$；T消极兴趣$=-1.183$，P$=0.240>0.05$；T自主学习$=3.438$，P$=0.001<0.05$）并且从三大维度的均值来看，M运动参与（实）$=39.8431$，M运动参与（对）$=37.2800$；M积极兴趣（实）$=30.2745$，M积极兴趣（对）$=27.4200$；M消极兴趣（实）$=27.4200$，M消极兴趣（对）$=24.9804$，M自主学习（实）$=22.6471$，M自主学习（对）$=18.2000$，详见表6-9。

由此可知，故事情境小学体育低年级综合素养评价能显著提升小学生的体育学习积极性，促进学生参与运动的热情以及自主学习。

表6-9 体育学科《木偶奇遇记》综合素质评价活动学生体育学习兴趣情况表

量表维度	组别	人数	均值	标准差	T	P	
运动参与	实践班	28	48	39.8431	4.93304	2.212	0.029*
	对照班	30	50	37.2800	6.57776		
积极兴趣	实践班	28	48	30.2745	4.22885	2.826	0.006*
	对照班	30	50	27.4200	5.78559		
消极兴趣	实践班	28	48	24.1800	2.48588	−1.183	0.240
	对照班	30	50	24.9804	4.12899		
自主学习	实践班	28	48	22.6471	7.43189	3.438	0.001*
	对照班	30	50	18.2000	5.38327		

3. 实验后实验班学习评价

通过一学年单元教学整体设计的实施，我们采用评价表对学生情况进行评价，分别为自评、互评与师评三种评分方式，分运动参与、技能习得与能力发展三个维度，其中运动参与满分为 20 分，技能习得满分为 20 分，能力发展满分为 10 分。从评价表的情况来看，小学生运动参与自评、互评与师评得分分别为 16.9、15.0 与 14.1；小学生技能习得自评、互评与师评得分分别为 17.8、15.8 与 16.0；能力发展得分上，小学生自评、互评与师评得分分别为 8.2、8.1 与 8.3。可见，通过一学年的学习，同学们在运动参与、技能习得与能力发展上，得到自己、同伴与教师的认可。分析其中原因可知，大部分学生通过自身的努力获得了相应的分数。如表 6-10 所示。

表6-10　体育学科《木偶奇遇记》综合素质评价活动实践班体育学习评价表

评分方式	运动参与	技能习得	能力发展
自评	16.9	17.8	8.2
互评	15.0	15.8	8.1
师评	14.1	16.0	8.3

第七章 基于故事情境的综合素养评价应用之《绿野仙踪》

万科实验小学以《绿野仙踪》故事文本作为创编对象，形成了基于《绿野仙踪》故事情境的综合素质评价实践活动。本章以《绿野仙踪》故事简介、针对的学科、关注的核心素养、任务的设计、任务的实施、学生的表现为线索和框架，详细说明了故事情境在综合素养评价中的应用。

一、《绿野仙踪》的内容与教育价值

基于故事情境的综合素养评价活动就是要使学生置身于丰富有趣的故事情境活动之中，与此同时，教师结合故事情境提出明确的评价任务。学生需要在评价任务的驱动下开展探究活动，体验乐趣并发展综合素养。因此，选择的故事文本需要符合小学低年级学生的身心发展特点，并且需要考虑其教育意义。

《绿野仙踪》是美国作家弗兰克·鲍姆于 1900 年出版的童话小说，被誉为经典之作。故事讲述了一个名叫多萝茜的普通女孩意外被一阵旋风吹到了奇幻世界——奥兹国，并展开了一段惊险刺激的冒险之旅。多萝茜住在堪萨斯州的一个农场里，她和爱犬托托无忧无虑地生活着。然而，有一天，一场可怕的龙卷风袭击了他们的农场，多萝茜和托托被卷进了风中。当风停下来后，他们发现自己来到了一个神奇的世界，这就是奥兹国。多萝茜得知自己被风吹到了奥兹国后，焦急地希望找到回家的方式。她遇到了一位善良的女巫，女巫告诉她，只有伟大的奥兹巫师才能帮助她实现这个愿望。于是，多萝茜开始了前往奥兹城的旅程。在前往奥兹城的路上，多萝茜遇到了一个稻草人，他希望奥兹巫师能赐予他大脑。于是，多萝茜和稻草人决定一起前行。途中，他们又遇到了一个希望有心脏的铁皮人和一头希望有胆量的狮子，他们也加入了多萝茜的队伍。一行人经历了种种奇遇和困难，终于到达了奥兹城。他们见到了奥兹巫师，但巫师提出了一个条件，要他们杀死恶女巫才能实现他们的愿望。多萝茜和朋友们勇敢地去面对恶女巫，最终成功消灭了她。然而，当他们回到奥兹城后，发现原来奥兹巫师并没有真正的魔力，他只是一个普通人。多萝茜感到非常失望和沮丧。然而，好心的南方女巫告诉她，她可以通过红色鞋子实现回家的愿望。多萝茜穿上红鞋，念动咒语后，风又吹来了，她被卷回了堪萨斯州的家中。多萝茜感到非常高兴，她终于回到了自己熟悉的世界。《绿野仙踪》通过多萝茜的冒险故事，向读者传递了一些深层次的思考。故事中的角色们都希望得到某种能力或素质，而他们最终发现，自己内在已经拥有了他们渴望的东西。这也告诉我们，每个人都拥有潜藏的力量，只需要相信自己并找到适合的机会，就有可能实现自己的梦想。

《绿野仙踪》这一故事以多萝茜的探险经历为主线，鼓励每一个孩子要勇敢、善良、爱动脑筋，还要用一颗善良的内心照顾他人，这一故事具有重要的教育意义，有助于学生树立正确的道德价值观。《绿野仙踪》属于童话类图书，学生能够跟随多萝茜和小伙伴们的步伐，体验奥兹国中各种离奇的设计，激发学生的想象力，保持学生参与综合素养评价的兴趣。《绿野仙踪》里，多萝茜进入奥兹国后遇到了很多稀奇古怪的人和事，故事情节丰富曲折，人物形象鲜明，非常适合小学低年级的学生阅读。《绿野仙踪》语言风格明快，其故事内容符合学生的心理认知，阅读难度适度，有利于学生接受。

这个故事虽然简单，却展现了奇幻世界的魅力和人性的价值。读者们可以通过多萝茜的冒险之旅，得到对勇敢、友谊、爱和成长的思考。《绿野仙踪》的故事情节有趣、跌宕起伏，以多萝茜在奥兹国的探险之旅为主线，易于激发学生的学习兴趣，有助于使学生沉浸其中参与综合素养评价，也有利于教师进行故事情节的创编。同时，多萝茜的探险之旅困难重重，学生能够在探险之旅中扮演其中的角色，跟随多萝茜和她的朋友们一起体验探险之旅，在教师的引导下解决问题并完成任务。教师也能够依据一定的观察量表和评分标准对学生的表现进行评价，这与学校提倡的基于故事情境的低年级学生综合素养评价活动十分契合。通过这个故事，学生不仅可以跟随多萝茜和她的朋友们一起体验书中光怪陆离的世界，还能感受到勇气、友谊、爱心和自我发现的重要性。《绿野仙踪》鼓励人们相信自己的内在力量，并追求真理与美好。无论是孩子还是成年人，阅读这个故事都能从中获得启示，体验到奇幻世界的魅力，同时也思考真正的幸福和成功在于我们的内心。

■ 二、选取情节，融入学科内容

由于《绿野仙踪》的故事情节充满趣味且人物形象十分鲜明，教师既想在课堂上表达故事中本来所要传递的情感与品质，又要考虑各类学科的教学特点，所以教师在选择创编场景时常常感受到挑战。教师团队首先对《绿野仙踪》的故事内容做整体的梳理，经过多番讨论之后，教师认为紧紧扣住故事中主线人物（多萝茜、稻草人、铁皮人、狮子）的成长进行创编才能够满足以上两点需求。不同学科的教师根据本学科的学科特点以及故事内容，对故事进行简单改编，开展综合素养评价。最后所呈现出的故事情节一共有四个，分别是帮助稻草人找大脑；帮助铁皮人找心脏；帮助狮子找勇气；打败恶女巫，寻找魔力，回到家乡。这四部分故事情节分别与语文、数学、英语、美术、体育、道德与法治、唱游等学科结合，它们相互串联在一起，最终形成一个完整的故事。

（一）场景一：帮助稻草人找大脑

在《绿野仙踪》中，稻草人是多萝茜遇到的第一个伙伴。从故事开始，稻草人就表现出对自己"没有大脑"的焦虑和悲观情绪，他渴望有智慧，成为一个有用的人。在多萝茜得知奥兹巫师可能可以实现他们的愿望后，稻草人决定和她一起前往奥兹城。途中，他们经历了各种奇遇和危险，稻草人的愿望也成为实现伟大使命的重要一环。在进入恶女巫的领地时，稻草人向多萝茜展示了自己不仅有勇气，而且有灵活的头脑。他提出许多聪明的点子，比如把大黄蜂引到敌人身上，制造混乱，以及打破窗户让阳光照射进来，令恶女巫无法承受。这些点子不仅有助于他们战胜对手，也体现了稻草人自身的机智和智慧。最终，稻草人得到了他一直渴望的大脑。然而，在真相揭开后，他意识到自己本来就拥有智慧和机智，只是没有意识到它们的存在。这个领悟让他感到无比欣慰，并让他更加自信和坚定。

稻草人在这段冒险旅程中不仅找到了奥兹巫师，也找到了自己内心的答案。这一故事情节具有的正向教育价值在于：每个人都拥有自己的才能和价值，有时候它们被埋没在日常生活中。我们不妨停下来，去探索自己内在的智慧和灵性，也许会发现自己原来拥有期待已久的能力。另外，这个故事还告诉我们，勇气、团队合作和聪明的决策都是成就伟大使命的重要因素，我们需要在以后的生活中不断地实践和学习。

数学方面考查的是学生的运算能力、空间观念、应用意识和语言表达能力。根据故事情节，稻草人需要经过挑战才能意识到自己已经拥有了聪明的头脑。在综合素养评价实践中，教师将稻草人的"挑战"具象化，将穿越荆棘带、有毒的玫瑰园转化为数学认知能力，围绕该能力展开对数字的运算、形状的认知等评价任务，以此判断学生是否掌握基本学科知识，包括对数学基本概念、原理、公式、定理等的掌握程度。

同时，稻草人的形象涉及艺术审美能力，教师们在综合素养评价中通过让学生观察、对比稻草人和铁皮人这一评价任务，判断学生是否能准确辨认出两者在材质、颜色上的区别；学生是否能展开合理想象，流畅快速地说出不同的材质、颜色的特点以及给人的不同感受。而认知能力和艺术能力需要通过表达能力呈现出来，因此学生能否用清晰准确的语言表达自己的想法、情感和观点，是否具备一定的词汇量和语法能力，是教师在课程中需要评价的。

● （二）场景二：帮助铁皮人找心脏

在奥兹国的冒险中，多萝茜和稻草人遇到了一个名叫铁皮人的机械人。铁皮人向他们诉说了自己的困境：他失去了自己的心脏。他告诉他们，只有找到一个能给他新心脏的善良巫师，才能让他重新拥有情感和自我意识。多萝茜和稻草人立刻决定帮助铁皮人找回心脏。于是，他们一同踏上了寻找善良巫师的旅程。途中，他们遇到了各种挑战和困难。他们穿越险恶的森林，跨过汹涌的河流，爬上陡峭的山峰。尽管遭遇了风雨和艰辛，但多萝茜和她的伙伴们坚持不懈地前行。在旅途中，他们遇到了一头有智慧的老狮子，老狮子告诉他们，要找到善良巫师，他们需要越过闪电山脉、穿越魔法森林并通过神秘的迷宫。他们相信只有通过这些考验，才能找到铁皮人的新心脏。经过一番努力，多萝茜和她的伙伴们最终成功到达了善良巫师的居所。他们激动地将铁皮人的困境告诉了善良巫师，希望他能施展魔法给铁皮人带来新的心脏。善良巫师被他们的勇气和友情打动，他说："你们的友谊和坚定的信念已经给了铁皮人最宝贵的东西。他真正需要的不是一颗新的心脏，而是被爱和关怀包围的环境。"听到善良巫师的话，铁皮人恍然大悟。他明白了自己的价值并感受到了伙伴们无私的友情。他体会到虽然没有实体的心脏，但他仍然可以用自己的行动和情感表达出对他人的关爱和关心。

多萝茜、稻草人和铁皮人一起回到了奥兹国。他们成了最好的朋友，用他们的友谊和团结为整个奥兹国带来了和平与快乐。即使没有实体的心脏，铁皮人也展现出了温暖和爱的力量，成为奥兹国的英雄。这一故事情节的正向教育价值在于：真正重要的不是外在的形式，而是内心的善良和对他人的关心。无论身处何种困境，只要我们保持信念并相信自己，就能找到属于自己的幸福和价值。

美术方面考查的是学生的认知能力和想象能力，根据故事情节，铁皮人需要经过种种挑战才能够意识到自己即使没有心脏也能够用自己的行动表达对他人的关爱。在具体的综合素养评价实践中，教师将铁皮人的各种行动具象化，将各种行动转化为对认知能力和想象能力的评价，以此判断学生是否掌握对色彩和形状的感知等基本学科知识。体育方面考查的是学生的运动能力，教师将铁皮人的动作具象化，使学生模仿铁皮人的行动转化为对学生运动能力的评价，以此判断学生对运动技能的掌握程度。

◆（三）场景三：帮助狮子找勇气

在探险的过程中，几位小伙伴发现狮子胆小缺乏勇气。狮子时常因为害怕而颤抖，他没有勇气面对自己的恐惧，并总是寻求他人的保护和安慰。在他们的冒险中，狮子的胆怯几乎让他们无法继续前进。在面对猛龙、毒蛇和黑暗等各种危险时，狮子都变得手足无措。虽然他身体强壮，但内心始终缺乏勇气。多萝茜和她的伙伴们能够理解狮子的痛苦和困境。他们不断地鼓励狮子，让他相信自己是勇敢的。他们告诉狮子，勇敢并不是不害怕，而是学会面对自己的恐惧。在每次危险面前，他们一起鼓励狮子，让他渐渐地认识到自己的能力和勇气。有一天，他们来到了玛琳达女巫的城堡，狮子再也无法掩饰自己的害怕了。当他看到城堡门口的警卫时，他无法继续前进。但是，当多萝茜和她的伙伴被擒住后，狮子意识到他必须要行动起来。在关键时刻，狮子最终勇敢地面对自己的恐惧，拯救了他的伙伴。

最终，多萝茜、稻草人、铁皮人和狮子都找到了自己内心的勇气和力量。他们携手前行，克服了危机，找到了魔法师，并获得了自己心中最想要的东西。这个情节的正向教育价值在于向我们展示了勇气的真正含义。勇气不意味着从不害怕，而是在恐惧面前仍然咬紧牙关，勇往直前。狮子学会了面对自己的恐惧，感知到了行动和自信的力量。通过善良的朋友与团队合作，狮子再次获得了自己的勇气与自尊。在面对困境和恐惧时，我们应该相信自己，并坚定地走下去。勇敢和自信，是克服任何困难的关键。

教师将语文和道德与法治学科评价活动的故事情境主要围绕狮子这一角色展开。语文方面考查的是学生的认知能力、表达能力和思维能力。在故事情节中，狮子需要同伙伴们进行合作才能寻找到勇气，教师将狮子寻找勇气的过程具象化，将狮子与伙伴们的合作转化为对认知能力、表达能力和思维能力的评价，以此判断学生对词汇、语法等基本学科知识的掌握情况。同时，在道德与法治学科方面，教师还将狮子与伙伴们的良好合作转化为对学生人际交往相关能力的评价。

◆（四）场景四：打败恶女巫，寻找魔力，回到家乡

当多萝茜和她的伙伴们来到奥兹城后，他们得知要见到奥兹国魔法师，需要先打败西方女巫。西方女巫非常邪恶，统治着一片黑暗和可怕的领域。多萝茜和她的伙伴们决定勇敢地面对西方女巫，以保护奥兹国的人民免受她的伤害。他们进入了西方女巫的城堡，面对着种种险阻和恶劣环境。在城堡内部，他们遭遇了各种陷阱和魔法的考验。稻草人发挥自己的聪明才智，帮助伙伴们解开了许多谜题和难题。铁皮人展现出他坚强的身体和不怕痛苦的品质，对抗了许多危险和魔法攻击。狮子虽然害怕，但他在关键时刻展现出无畏的勇气，为了保护他的朋友们而勇往直前。最终，多萝茜和她的伙伴们来到了西方女巫的宝藏室，那里保存着她的最大秘密和力量。他们发现西方女巫的真正弱点是水，水能溶化她。多萝茜利用自己的智慧和勇气，巧妙地引导了一场小雨，将西方女巫浇湿。随着水滴触碰到她的皮肤，西方女巫开始慢慢溶化，最终消失在空气中。打败西方女巫后，多萝茜和她的伙伴们获得了胜利。奥兹国重获自由与和平。人们欢欣鼓舞，感激地向多萝茜和她的伙伴们表示敬意。

在这个故事中，我们看到了勇气、智慧和团结合作的重要性。多萝茜和她的伙伴们相互帮助，克服了各种难题和困难。他们展现出了真正的勇气和决心，保护奥兹国的人民免受西方女巫的压迫。这个故事的正向教育价值在于：面对邪恶和困难时，我们要坚定自己的信

念，勇往直前，并相信集体的力量。只有通过团结和合作，我们才能战胜邪恶和阻碍，实现美好的未来。

教师将英语和唱游学科综合素质评价活动的故事情境主要围绕多萝茜和她的伙伴们打败西方女巫这一主线展开。英语和唱游学科考查的是学生的认知能力、表达能力和审美能力。在故事情节中，小伙伴们需要通过多项任务才能战胜西方女巫，教师将这些挑战过程具象化，将伙伴们的合作过程转化为对认知能力、表达能力和审美能力的评价，以此来判断学生对口语表达、歌曲演唱等基本学科知识的掌握情况。

表7-1　《绿野仙踪》故事情节与学科、综合素养对照表

故事情节	学科	能力
帮助稻草人找大脑	数学、美术	认知、思维、表达
帮助铁皮人找心脏	美术、体育	表达、认知、想象、运动
帮助狮子找到勇气	语文、道德与法治	认知、表达、思维、想象
打败恶女巫，寻找魔力，回到家乡	英语、唱游	认知、表达、审美

三、基于故事情境的评价任务设计

在进行了多轮以故事情境为基础的综合素养评价任务设计的过程后，项目组逐步确定了以选择故事文本、创编故事情境、制定评价方案为主要内容的综合素养评价任务设计的基本流程。这一过程为构建以故事情境为基础的学生综合素质评估任务提供了明确的思路。

（一）数学学科

1. 评价目标的确立

为使评价有据可依，教师需要根据课程改革的指导思想、培养目

标、学科教学目标和学生身心的实际发展水平，从知识和能力、过程和方法、情感态度和价值观三个维度进行设计。曹培英认为，小学数学学科核心素养体系包括运算能力（数感）、空间观念（几何直观）、数据分析观念、抽象（符号意识）、模型（应用意识）、推理等六项素养。教师以核心素养为导向，设计思维能力为主要评价指标，同时表达能力也是不可忽视的重要指标。

在思维能力中，结合本学期学习内容，确立了运算能力、空间观念、应用意识三个二级指标。在表达能力中，结合数学语言的使用，主要从"会说"这个指标进行评价。

2. 评价任务设计

表7-2 "帮助稻草人找大脑"评价任务

评价维度	评价任务
运算能力（计算习惯熟练度、计算结果正确度）	嗨，小朋友们，你好，我是稻草人。勤劳的农夫给我组装了身体，可是没有给我脑子。我把这些告诉善良的多萝茜，可是她不相信，于是她问了我一些数学题，可把我难倒了。聪明的小朋友，你们能帮助我吗？ $9 \times 6=$　　　　　　$7 \times 0=$ $24 \div 8=$　　　　　　$3 \div 5=$
思维能力——空间（几何概念的掌握度）	 这是黄砖路上的砖块，你们知道它是什么形状吗？ 这是（　　）体，它有（　　）条棱，（　　）个面，（　　）个顶点。
应用意识	1. 善良的多萝茜看我身上比较单薄，采了好多漂亮的花帮我打扮。黄花有3朵，红花有12朵，你们知道红花的朵数是黄花朵数的几倍吗？ 2. 翡翠城可漂亮了，里面还有好多新鲜东西。我们来到了翡翠城的魔法剧场，这是剧场的座位图。你们知道一共有多少个座位吗？

3. 评分标准的研制

表7-3 "帮助稻草人找大脑"评价标准

考题类型	检测能力	评价标准
计算题	思维能力 ——计算 （计算习惯熟练度、计算结果正确度）	A. 能既快又对地口算加减法，计算时一次完成。 B. 能正确口算加减法，计算过程中能自觉验算改错。 C. 计算过程中出现错误，花费较长时间。 D. 花较长时间，无法正确口算。
填空题	思维能力 ——空间 （几何概念的掌握度）	A. 能快速根据图片说出物体的形状，并清晰准确地说出长方体点、面、棱的数量。 B. 能说出长方体点、面、棱的数量，在过程中能自己发现错误并改正。 C. 经过老师提示后，能说出长方体点、面、棱的数量。 D. 不能分辨出物体的形状，不能说出长方体点、面、棱的数量。
	表达能力 ——会说	A. 能清晰有条理地说出长方体的特征（点、面、棱的数量，每个面上有4个直角等）。 B. 能完整且正确地表达自己的想法。 C. 经过提醒后，理清自己的想法。 D. 注意力不集中，无法表达自己的想法。
应用题	应用意识	A. 能熟练运用乘除法算式解决问题，计算结果既快又对。 B. 能运用乘除法算式解决问题，并且结果正确。 C. 能运用数一数、连加等其他方法解决问题，并且结果正确。 D. 没有解决问题的方法。

（二）美术学科

1. 评价目标的确立

结合课程标准和学校提出的综合素养六大能力，构建个性化的综合素养评价框架。在审美能力的评价维度之下，教师总结出以感受、欣赏、表现为主的评价要点，根据低年段学生认知水平，提出能否感受自然、艺术、科学之中的美，是否有健康的审美情趣，是否能表现出对作品的欣赏、理解和审美能力。

2. 评价任务设计

好的儿童文学作品当然少不了教化色彩，但是一定是蕴含在自然而然当中。每个孩子的内心都有一个多姿多彩的奥兹国，这是只属于他们的世界，本次综合评价美术与体育跨学科融合，教师结合故事情节自编了评价任务：

（1）多萝茜和稻草人来到了一片树林，听到了低低的叫声从四周传来，突然发现有东西在阳光底下闪着光，呀，原来是一个关节处生锈了的铁皮人！稻草人在铁皮人的关节处滴上一些油，帮助铁皮人恢复了活动能力。

（2）铁皮人和稻草人有截然不同的外貌，请你仔细对比，铁皮人和稻草人的外形有什么不同的特征呢？从 2～3 个方面来介绍一下它们的特点吧！它们分别给你什么样的感受呢？

3. 评分标准的研制

学生最终获得的等级分别是 A（优秀）、B（良好）、C（合格）和D（需努力）。依次对应的评价指标是：

满足 A（优秀）的评测点要求为：通过观察对比，能准确辨认出铁皮人和稻草人的材质不同、颜色不同，并展开合理想象，流畅快速地说出不同的材质、颜色的特点，以及给人的不同感受。

满足 B（良好）的评测点要求为：通过观察对比，能辨认出铁皮人和稻草人的材质不同、颜色不同，展开合理想象，经提示后能说出不同的材质、颜色的特点，以及给人的不同感受。

满足 C（合格）的评测点要求为：通过观察对比，只能辨认出铁皮人和稻草人的颜色不同，无法辨认出铁皮人和稻草人的材质不同。也无法说出不同的材质、颜色给人的不同感受。

满足 D（需努力）的评测点要求为：通过观察对比，无法辨认铁皮人和稻草人的不同。也无法说出不同材质、颜色给人的不同感受。

（三）语文学科

1. 评价目标的确立

《义务教育语文课程标准（2022 年版）》中强调：学生要学会汉语拼音，能读准字母、韵母、声调和整体认读音节。能准确地拼读音节，正确书写声母、韵母和音节；学生能阅读浅显的童话、寓言、故事，向往美好的情境，关心自然和声母，对感兴趣的人物和事件有自己的感受和想法，并乐于与人交流；学生有表达的自信心，能积极参加讨论，敢于发表自己的意见；结合语文学习，观察大自然，用口头或图文等方式表达自己的观察所得。根据课程标准的这些要求，从学生识字与写字、阅读、口语交际、综合性学习这几个方面入手来设定评价要素。

2. 评价任务设计

结合多萝茜认识新伙伴的人物设定，她在一路上分别认识了稻草人、铁皮人和狮子，因此在认识新伙伴的过程中，让学生帮助多萝茜正确念出新朋友的名字，并且选择符合人物形象的词语，踏上寻找奥兹国魔法师的旅途。

任务一：学生需要帮助狮子念出它的名字，并且和多萝茜打招呼，从而检查学生是否能快速准确地认知正确的音节，区分平翘舌音。

（1）请你大声读一读我的名字吧！

狮子（shī zi；sī zi）

（2）你们看，多萝茜一行人正经过哪里呢？

森林（sēn lín；shēn lín）

（3）让我来和他们打个招呼吧！请你帮我选一选，我该怎样和他们打招呼呢？

① 我要吃了你们！

② 你们好，请问你们要去哪里？

任务二：狮子经过和多萝茜沟通交流，决定和他们一起寻找奥兹国魔法师。请学生帮助它选择符合自己人物形象的词语，从而检查学生是否能快速选择出符合故事情境的词语，并能大声流利朗读，进行适当的停顿。

（1）我表面看起来（凶猛　可爱），但内心却（胆小　勇猛）。

（2）因为渴望_____（A 大脑　B 心脏　C 勇气），我也跟多萝茜他们一起去寻找奥兹国魔法师啦！

3. 评分标准的研制

表7-4　"帮助狮子找勇气"评价标准

题型	考查点	观察点
认知题	认知能力	A. 能快速准确地认知正确的音节 B. 能准确认知正确的音节但不够迅速 C. 认知音节时，有1个错误，经过提醒后能改正 D. 不能认知音节
	表达能力	A. 能口齿清楚地大声朗读 B. 基本能读清楚音节 C. 基本能读对音节 D. 不会拼读
选择题	认知能力	A. 能快速选择出符合故事情境的词语 B. 能选对符合故事情境的词语 C. 符合故事情境的词语选择有错误 D. 选择完全错误

（续表）

题型	考查点	观察点
选择题	表达能力	A. 能大声流利朗读，进行适当的停顿 B. 朗读时准确但不够大声流利，停顿尚可 C. 朗读时准确但不够大声流利，停顿不够恰当 D. 朗读时不自信，听不清声音
表述题	认知能力	A. 能快速说出符合故事情境的想法、做法和说法 B. 能说出符合故事情境的想法、做法和说法 C. 在老师的引导下说出符合故事情境的想法、做法和说法 D. 无法说出符合故事情境的想法、做法和说法
	表述能力	A. 大声流利朗读，进行适当的停顿 B. 朗读时准确但不够大声流利，停顿尚可 C. 朗读时准确但不够大声流利，停顿不够恰当 D. 朗读时不自信，听不清声音

（四）英语学科

1. 评价目标的确立

以 2020 学年第一学期期末一年级《绿野仙踪》综合素养评价活动为例，在确立一年级英语学科评价目标和内容前，教师根据课程标准要求，先梳理了一年级英语学科的学习目标，见表 7-5。

表7-5　小学一年级英语学习目标

考查能力	学习目标
知识与技能	1. 能听懂一年级课本上的指令和要求并做出相应的反应 2. 能初步模仿和朗读单词、句子，能够看到课本上的图片说出词汇、句子或短小语段 3. 能基本读懂与课本难度相仿的配图小故事 4. 能看懂语言简单的英语动画片或程度相当的英语节目
过程与方法	1. 通过肢体语言、歌谣吟唱、简单对话等课内学习，感受语言，激发兴趣 2. 通过教师的阅读指导活动，知道从左向右、从上而下地阅读读物 3. 通过教师的肢体语言或直观媒体的帮助，初步学会模仿课本录音的语音语调 4. 通过参与各类互动活动，感知课堂学习的基本规范

（续表）

考查能力	学习目标
情感态度 价值观	1. 对英语有好奇心，喜欢听他人说英语 2. 能跟随教师的要求，参加简单的语言活动，并逐步喜欢听、说、用英语 3. 乐于和他人一起阅读带有图片的小故事，并逐步学会与同伴协作互助 4. 初步了解见面打招呼的方式，了解部分国家的饮食和过新年的习俗

结合课程标准中关于小学一年级英语学习目标的要求以及《小学低年段英语学科基于课程标准评价指南（试行稿）》的要求，教师从学习兴趣、学习习惯和学业成果三个维度，确立了表现性评价的评价目标。

表7-6　小学低年级英语学科评价标准

考题类型	检测能力	评价标准
Ask and answer	认知能力 （观察图片的能力、倾听能力） 表达能力 （对所听到问题的快速反应能力）	A. 能听懂问题，并能准确、流利地回答五个问题 B. 能基本听懂问题，并能基本准确、流利地回答三至四个问题 C. 能基本听懂问题，并能基本准确地回答一至两个问题 D. 不能听懂问题并回答问题
Read a rhyme	表达能力 （朗读能力）	A. 能准确、流利地朗读儿歌，富有感情，语音语调自然优美 B. 能准确、流利地朗读儿歌，语音语调适中 C. 能基本准确、流利地朗读儿歌 D. 不能准确地朗读儿歌
Try to say	认知能力 （观察图片的能力） 表达能力 综合语言运用能力	A. 能用三句或四句以上的句子准确、流利地描述 lion 的外貌特征及能力 B. 能用两句句子基本准确、流利地描述 lion 的外貌特征及能力 C. 能用一句句子基本准确地描述出 lion 的外貌特征和能力 D. 不能描述 lion 的外貌特征和能力

表7-7 小学低年级英语学科评价目标

评价维度	评价内容	评价目标	观察点示例
学习兴趣	解决问题中的兴趣表现	1. 保持并增强对英语学习的好奇心，进一步养成英语学习的正确习惯 2. 能主动参与课堂学习及评价活动。 3. 适应英语课堂基本学习常规	1. 喜爱并能融入故事情境 2. 能参与情境并关注情境的发展 3. 积极自主地了解人物并解决问题
学习习惯	观察习惯 倾听习惯 模仿习惯 表达习惯	1. 逐步增强观察、倾听、模仿和表达英语的能力 2. 能借助直观媒介正确听、读简单的单词和句子 3. 尝试倾听、仿说以及与他人用英语会话 4. 能用英语积极参与评价活动（包括问答、游戏、歌曲、童谣、角色扮演等）	1. 通过观察和模仿，准确地认读单词或句子 2. 能快速辨认相近字母、单词和句子 3. 根据听到的指令或问题，快速做出相应反馈 4. 根据录音和直观媒介，仿说简单的儿歌或句子 5. 用英语流利地进行简单问答 6. 根据直观媒介，吟唱简单的英语歌曲，表演简单的儿歌、对话
学业成果	听、说、读、看	1. 逐步增强有效的学习策略 2. 能借助直观媒介有效学习词汇、句子与对话 3. 初步形成语言差异意识 4. 能逐步了解中英文表达方式的差异	1. 借助直观媒介听懂指令或问题，并快速做出反应 2. 借助直观媒介，模仿或表演简单的英语歌曲、儿歌、对话或小语篇 3. 借助图片读懂简单的英语句子或小语段

2. 评价任务设计

表7-8 "战胜女巫"英语学科评价任务

任务	故事情境	表现性任务	
		项目名称	实施过程
任务一	多萝茜和朋友们（铁皮人、小狗托托、狮子、稻草人）在女巫城堡里，他们在和女巫作斗争	Ask and answer	观看动画，根据情况回答相关问题，如： ① Good morning. ② How are you? ③ What's this? ④ What colour is it? ⑤ Who's she?
任务二	多萝茜向大家介绍自己的外貌和能力	Read a rhyme	请你扮演多萝茜，读一读儿歌： I'm a girl, girl, girl. And I'm nice, nice, nice. I'm short, short, short. And I can sing, sing, sing.
任务三	多萝茜向大家介绍自己的朋友狮子。最终他们打败了女巫，顺利拿到女巫的扫帚，并成功到达奥兹王国	Try to say	请你扮演多萝茜介绍一下你的朋友狮子： I'm Dorothy. I have a friend. It's a ____. It is ____.（颜色） It is ____.（特征） It can ____.（能力）

3. 评分标准的研制

表7-9 "战胜女巫"英语学科评价标准

任务	维度指向	评价标准			
		A	B	C	D
任务一	兴趣表现 习惯表现 学业表现	能听懂问题，并能快速、准确地回答五个问题，且读音标准	能听懂问题，并能准确地回答三至四个问题，且读音标准	能基本听懂问题，并能基本准确地回答一至两个问题，且读音基本标准	不能听懂问题并回答问题

（续表）

任务	维度指向	评价标准			
		A	B	C	D
任务二	兴趣表现 习惯表现 学业表现	能流利地朗读儿歌，声音响亮、口齿清楚、发音准确，语音语调优美	能流利地朗读儿歌，声音响亮、口齿清楚、发音准确，语音语调正确	在老师的提示下，能朗读儿歌，声音较轻，表达不够自信	不能准确地朗读儿歌
任务三	兴趣表现 习惯表现 学业表现	能用三句或四句以上的句子准确、流利地描述狮子的外貌特征及能力	能用两句句子基本准确、流利地描述狮子的外貌特征及能力	能用一句句子基本准确地描述出狮子外貌特征和能力	不能描述狮子的外貌特征和能力

（五）唱游学科

1. 评价目标的确立

在新课程标准中对唱游学科有如下明确规定：学生在学习音乐课程或者是参与艺术实践活动期间，要能够对音乐艺术魅力进行探究与发现，从而更加热爱音乐，陶冶情操，健全人格。与此同时，要对最基础的音乐知识以及技能进行学习和熟练掌握，不断提高自身音乐听觉以及欣赏的能力，进而形成基本音乐素养。因此，结合小学音乐学科的学科标准和低年级学生的学情状况，教师将音乐学科的评价方式设为歌曲表演唱，以检测学生在审美能力中表现美和感受美的综合水平。

2. 评价任务设计

一年级唱游综合评价题：多萝茜的愿望终于可以实现啦，她的好朋友们也都达成了自己的愿望。看，这群好朋友们唱起了歌曲《一对好朋友》，这是一首怎样的歌曲呢？你能和他们一起表演吗？

二年级唱游综合评价题：多萝茜的愿望终于可以实现啦，她的好朋友们也都达成了自己的愿望。看，这群好朋友唱起了歌曲《草原就是我的家》。这首歌曲带给你怎样的感受？你能和他们一起表演吗？

3. 评分标准的研制

表7-10　"回到家乡"唱游学科评价标准

考题	检测能力	评价标准
《一对好朋友》	审美能力	A. 咬字清晰明确，歌唱声音自然，音准正确度高，演唱能与伴奏完整契合，表演能充分表现歌曲的主题与情绪 B. 咬字一般清晰，歌唱声音自然，音准正确度较高，演唱能与伴奏契合到位，表演能表现歌曲的主题与情绪 C. 咬字基本清晰，歌唱声音基本自然，音准基本正确，演唱中有过半的乐句与伴奏无法契合，有简单的肢体动作 D. 无法正确而完整地演唱歌曲，歌声紧张不自然，无法用肢体及情绪表现歌曲，演唱与伴奏无法契合
《草原就是我的家》	审美能力	A. 咬音吐字明确清晰，声音自然、演唱音准佳，能与伴奏完整契合，表演能充分体现歌曲的主题与情绪，有律动创编 B. 咬音吐字清晰，声音自然、演唱音准较好，能与伴奏契合到位，表演能表现歌曲的主题与情绪，有简单的律动创编 C. 咬字基本清晰，声音基本自然、演唱音准基本正确，演唱中有过半的乐句与伴奏无法契合的情况，有简单的肢体动作 D. 无法正确而完整地演唱歌曲，歌声紧张不自然、演唱音准偏离，演唱与伴奏无法契合，无法用肢体及情绪表现歌曲

■ 四、基于《绿野仙踪》的综合素养评价过程

项目团队在每个学期结束时，都会组织学生进行基于故事背景的综合能力评估活动。通过对学生进行调查问卷和访谈，了解其真实想法并反馈至课程团队，从而形成基于故事情境的综合性评价方案，以提升学生的综合能力与核心素养。在执行多轮基于故事情境的综合素养评价活动后，项目组逐步明确了这类评价任务的基本实施流程，包括环境布置、任务分工、评价实施和数据分析这四个主要步骤，为这类评价的实施提供了清晰的指导路径。

（一）环境布置

1. 实体场景环境布置

总体环境布置

稻草人的聪慧大脑

铁皮人的健康心脏

胆小的狮子

战胜女巫

回到家乡

图7-1　2019学年第一学期期末学生综合素养评价《绿野仙踪》的实体场景环境布置

2. 虚拟场景环境布置

表7-11　2019学年第一学期期末学生综合素养评价《绿野仙踪》的虚拟场景布置和任务表

情境	情境一	情境二	情境三	情境四
名称	帮助稻草人寻找大脑	帮助铁皮人寻找心脏	帮助狮子获得勇气	打败恶女巫，寻找魔力，回到家乡
角色	稻草人	铁皮人	狮子	多萝茜
学科	数学、美术	自然、体育、探究	语文、道德与法治	唱游、英语
任务	利用不同图形组成稻草人；稻草人通过计算驱赶来吃麦子的鸟儿	挑选心脏的图形，说明心脏的功能，并通过运动来强健心肌	狮子克服胆小懦弱的缺点，在成为森林之王后发表怎样治理森林的演说	多萝茜和女巫交谈，并唱出表达快乐的歌曲战胜女巫，回到家乡后和伙伴交流对话
场景				

❀（二）任务分工

为了保证测评工作的顺利开展与实施，教师被分为五个评测组，分别是学生带队组、数据分析组、任务评价组、任务观察组和拍摄记录组。学生带队组负责将参加活动的学生进行分组，并带领学生参加《绿野仙踪》中的各个故事情节，同时对学生参与评价的行为习惯进行考查。任务评价组主要根据评价标准对学生在完成《绿野仙踪》各项任务中的表现进行评价和记录。任务观察组负责根据观察记录表的观察要点随机选取学生进行考查评价。数据分析组负责将评价组和观察组的数据进行收集，并分析学生发展的状况。拍摄记录组负责对学生参与《绿野仙踪》评价实践的表现进行拍摄记录，为后期数据核验和反思提升提供数据基础。

❀（三）评价实施

学生在故事情境中扮演角色，并根据情境的需要，通过个人或与同伴合作解决问题，在完成任务中感受评价的乐趣。在《绿野仙踪》故事情境中，学生们手持评价等第记录表，依次经历以下情境：帮助稻草人找大脑（数学和美术学科）；帮助铁皮人找心脏（美术和体育学科）；帮助狮子找勇气（语文和道德与法治学科）；战胜女巫，寻找魔力，回到家乡（英语和唱游学科）。在此过程中，学生运用学习过的知识解决问题，完成任务。

❀（四）数据分析

在测评活动结束后，负责老师仔细检查学生的表现，并根据评分标准给出相应的评价。教师团队对学生的能力发展状况进行有针对性的分析，教师反思并改进自己的教学行为。此外，学校以学生在评价活动中的数据作为参考，进一步提升教育教学管理水平，制定相应的教育政策和改进措施，用于优化教学质量和学生学习成效。整个数据分析过程强调了对学生数据的收集、分析和应用，旨在提高教学的科学性。学校和教师能够通过不断优化教育教学，为学生提供更好的教育环境，提升学校教育质量。

■ 五、学生的表现

综合素养评价指标体系能够全面评价学生的认知能力、表达能力、想象能力、审美能力、运动能力和思维能力等方面的发展，学校能够更全面地了解学生的潜力和特长，为学生提供个性化的教育和发展。为了更好地培养学生的创新能力，更好地促进学生的全面发展，更好地为学生服务，建立一个客观的、全面的评价学生素质与能力的评价体系，可以促进教学质量的提高。

❀（一）数学学科的评价结果

在进行抽样观察的 31 名一年级学生中，总体评价 18 人得 A，7 人得 B，6 人得 C。教师经过反思后发现，要继续落实口算的常规练习，可以利用碎片化时间管理，在早读或两分钟预备铃期间进行口算或听算。同时关注学困生，加强算理的单独辅导，整体提升学生的数学运算能力。在今后的教学中要注意让学生动手画一画，直观感受画出的平面图形只能看到一个面，而画出的立体图形可以看到多个面，以此强化平面图形和立体图形的不同特征。

表7-12　小学低年级数学学科质量分析表

分项任务	考查能力	等第	人数	占比率（%）	学情分析
加减法口算	计算	A	29	93.54%	绝大部分学生都能够准确计算给出的计算题目。
		B	1	3.23%	
		C	0	0%	
		D	1	3.23%	
判断物体形状	空间	A	15	48.38%	大部分学生能够分辨形状，但有四分之一的学生表现不佳。
		B	5	16.13%	
		C	3	9.68%	
		D	8	25.81%	
解决问题	应用	A	22	70.97%	绝大部分学生都能够使用学习的知识解决问题。
		B	5	16.13%	
		C	2	6.45%	
		D	2	6.45%	

（二）美术学科的评价结果

在进行抽样观察的37名一年级学生中，总体评价14人得A，23人得B，优良率达100%。说明教师平时教学体现以学生为本，多用启发式与探究式引导学生学习，充分调动了学生的积极性。在以后的教学中，教师可以继续关注培养学生的自主探究的能力，让学生变被动学习为主动学习，知美创美。

表7-13　小学低年级美术学科质量分析表

分项任务	考查能力	等第	人数	占比率（%）	学情分析
物体形状、颜色顺序	表达能力 认知能力 想象能力	A	14	38%	学生通过一学期的训练与培养，学习态度积极，能够扎实掌握教师讲授的内容
		B	23	62%	
		C	0	0%	
		D	0	0%	

⬢（三）语文学科的评价结果

教师通过整理数据后发现，未能取得 A 的同学主要失分在以下几点：任务一在选择音节时轻声这一概念掌握不清晰，会出现带声调的现象；在任务二中对于故事情境中狮子的人物形象认识不够清晰。故事情境这一评价方式对于孩子们的认知能力起到了促进作用，学生会更有兴趣，在故事中感受其人物性格。在今后的教学中，教师需要重点关注学生的前后鼻音、平翘舌音的朗读方法，对于轻声的拼读需要进行不间断的抽查，来巩固之前学习的知识概念。上课时需要更为关注一些基础较薄弱的同学，及时发现他们的困惑所在，并在课后及时进行询问和沟通。

表7-14 小学低年级语文学科质量分析表

分项任务	考查能力	等第	人数	占比率（%）	学情分析
任务一	读音	A	16	66.7%	大部分学生能够正确说出翘舌音、轻声、平舌音和前鼻音，但也有小部分学生的拼音基础薄弱，无法正确拼读
		B	3	12.5%	
		C	2	8.3%	
		D	3	12.5%	
任务二	词汇	A	12	50%	大部分学生能够选择符合故事情境的词语，能够做出正确的判断，流利地进行朗读
		B	4	16.7%	
		C	3	12.5%	
		D	5	20.8%	

⬢（四）英语学科的评价结果

在英语学科评价方面，大部分学生在基础知识方面掌握得不错，均能达到学习目标的要求，而在语言表达能力和逻辑思维能力方面仍有一定的提升空间。通过本次基于故事情境的小学低年级英语学科素养表现性评价的实践探究，教师也意识到了一些需要改进的问题。在设计评价内容中，教师不应仅仅通过朗读能力来评价学生的表达能力，而应将课程标准中"唱"的技能，即流利唱出一首或几首简单的英文歌曲，逐步融入表达能力的评价，从而更加全面、综合地评价学生的语言表达能力。

表7-15　小学低年级英语学科质量分析表

考查内容	考查能力	等第	人数	得分率（%）	学情分析	教学分析
根据图片内容，回答问题	认知能力（通过观察图片理解故事内容；倾听能力）	A	34	85%	学生们能听懂提问，并能根据图片内容准确、流利地进行回答	该考核内容整合了1A M1U1、M2U2、M4U1和M4U3等单元主题，通过学习，学生能理解"How are you? What's this? What colour is it? Who's she?"等问题的实际含义，并根据实际情况回答
		B	6	15%		
		C	0	0%		
		D	0	0%		
根据情境，朗读儿歌	表达能力（在故事情境中准确、流利地朗读儿歌，语音语调优美、自然）	A	32	80%	大部分学生能根据故事情境流利、准确朗读儿歌，语音基本标准；但在韵律感和节奏感以及朗读感情方面还有待进一步加强	该考核内容整合了2B M2U1、M2U3等单元主题，通过学习，学生能准确、流利地模仿朗读儿歌，语音语调准确自然
		B	5	12.5%		
		C	3	7.5%		
		D	0	0%		
根据情境，完成表达	逻辑思维能力（能通过图片、音频和文字信息，在情境中观察、理解、分析故事内容并进行表达）	A	31	77.5%	大部分学生能根据故事情境内容，基本准确、流利地描述狮子的外貌特征及能力，语音语调基本准确、自然	该考核内容整合了1A M2U1、M2U3和M4U3等单元主题，通过学习，学生能理解题目要求，并能根据图片内容和提示准确、流利地介绍狮子的外貌特征及能力
		B	7	17.5%		
		C	2	5%		
		D	0	0%		

第八章　基于故事情境的综合素养评价应用之《彩虹色的花》

万科实验小学以《彩虹色的花》故事文本作为创编对象，形成了基于《彩虹色的花》故事情境的综合素质评价实践活动。本章以《彩虹色的花》故事简介、针对的学科、关注的核心素养、任务的设计、任务的实施、学生的表现为线索和框架，详细说明故事情境在综合素养评价中的应用。

■ 一、《彩虹色的花》的内容与教育价值

麦克·格雷涅茨和细野绫子是《彩虹色的花》的作者。麦克·格雷涅茨被称为"世界殿堂级绘本大师"。他带着一颗童心，周游各国，追寻那颗纯真的孩童之心，创造出许多深受孩子们喜爱的经典之作。他曾被《纽约时报》称为"无国界"图画书之王。《彩虹色的花》深受孩子们的喜爱与欢迎，这本绘本也入选了我国"最具实践性的全国小学生分级阅读书目"，同时也是中国第五届绘本阅读高峰论坛的重点推荐图书。

● （一）绘本主要内容

这本书主要描述了在初春的日子里，昨日那片覆盖着积雪的大地上，意外地绽放出了一朵彩虹般的花朵。终于迎来了阳光，花朵心中

充满了喜悦，希望与大家分享她的欢乐时光。一群心地善良且讨人喜欢的小动物从花朵旁边经过，彩虹色的花朵热心地伸出援手，大方地将自己的花瓣逐一赠予了蚂蚁、蜥蜴、老鼠、小鸟和刺猬等。然而，随着冬季的到来，彩虹色的花朵逐渐凋谢，大片的雪花再次覆盖了整个田野。谁会料到，这里曾经盛开过一朵五彩斑斓的花朵呢！此刻，天空被一束明亮的彩虹般的光线所点亮。每个人都回忆起彩虹般的花朵曾为他们带来的那份温馨。经过了漫长的冬季，太阳终于露出了它的头，露出惊讶的表情，兴奋地说："早上好，五彩斑斓的花朵。我们又一次见到了你！"冬去春来，万物循环，而善良和乐于助人的精神永远不会消失。

　　《彩虹色的花》是一部以爱与分享、生命与助人为主题的绘本，以一个动人的故事教育小朋友如何去爱与分享，如何去帮助他人，让小朋友在不知不觉中了解到，因为爱与分享，生活才会变得更美好。这个故事充满了深深的爱意和温情。这幅作品充满了油彩般的画感和随性的画风，但同时也传达了一种细腻而丰富的情感。彩虹色的花朵利用其身体的某一部分，来援助那些处于困境中的小动物，不仅为小动物们带来了美丽、欢乐和凉爽，同时也让他们感受到了欢乐。

（二）绘本赏析

图8-1　《彩虹色的花》封面

如图8-1，书的封面上是一朵五彩缤纷的大花，你数数看，到底有多少片花瓣？1、2、3、4、5、6，是不是一共有六瓣？让我们看一下花瓣的颜色，它们是红、橙、黄、绿、蓝、紫。花瓣上有许多橘黄色的条纹，你认识那是什么吗？那是阳光。太阳升起了，他正对着一朵七彩的花微笑，把温暖的阳光洒下来。

图8-2　《彩虹色的花》前环衬

如图8-2，这是前环衬，画面上全是各色的花瓣，细细一看就会发现，这些花瓣与书页上那朵七彩的花，正好成了一一对应的颜色，从顶端的那一瓣，一直往下，以逆时针的方向转动。

图8-3　《彩虹色的花》扉页

如图8-3，那是一块荒芜的土地，一朵七彩的花在黑色的土地上绽放。别看这朵花很小，可是它的根系却深深地扎根在黑色的土壤中，汲取着土壤中的营养。在这朵花的旁边，还有一片云朵，下面是温暖的橘黄色，预示着太阳即将升起。

图8-4 《彩虹色的花》第一面

原文：

"好，今天我一定把积雪全部融化掉。"太阳升起来，把原野照得亮亮的。他吃了一惊：昨天还是一片积雪的原野上，竟然开着一朵花！

"早安，你是谁？"太阳问。

花儿回答说："早安，我是彩虹色的花。冬天，我一直待在泥土里，现在终于见到你了，我多高兴呀！真想跟每个人分享我的快乐。"

赏析：地面上一片雪白，说明现在积雪尚未完全消融。而那朵七彩的小花从地下冒了出来，现在这朵小花长势很好，直立着，在阳光下散发着勃勃生机。

图8-5 《彩虹色的花》第二面

原文：

过了几天，好像有谁从花儿的身边走过。

"早安，我是彩虹色的花。你是谁呀？"彩虹色的花问。

"我是蚂蚁。我现在要去奶奶家。可是，这么大的一个水洼，我怎么过去呢？"

"你爬上来，摘一片花瓣试试，说不定能用得上呢。"

赏析：此时，地面上一片嫩绿，代表着春天的到来。一只小小的蚂蚁走了过来，对他而言，这个水洼就是一个湖，他忧心忡忡，不知如何才能渡过。彩虹色的花稍稍向前探了探身子，友善地和小蚂蚁打着招呼，听闻小蚂蚁的困难，彩虹色的花很大方地给予了它帮助。展现了彩虹色的花礼貌、谦虚和帮助他人的特点。

图8-6　《彩虹色的花》第三面

小蚂蚁从彩虹色的花身上摘下一片橙色的花瓣，然后以一根树枝为桨，以那一片橙色的花瓣为舟，用力地划动起来。很快就要看到自己的奶奶了，小蚂蚁兴奋地划动着船桨，嘴角带着淡淡的微笑。

注意：每一片花瓣都会与背景形成鲜明的对比。这里的水是蓝色的，花瓣是橙色的。

图8-7 《彩虹色的花》第四面

原文：

又过了几天，一个温暖的日子，好像又有谁走过。

"你好，我是彩虹色的花。你是谁呀？为什么不开心呢？"彩虹色的花问。

"我是蜥蜴。我正要去参加宴会，可没有合适的衣服，我不知道该怎么办。"

"哦，也许我的哪一片花瓣能与你的绿色相配。你看呢？"

赏析：整个世界都是一片翠绿。一只绿蜥蜴走过来了。那朵彩虹色的花，缺了一片花瓣，她稍稍向后倾斜了一些，才勉强维持住平衡。

图8-8 《彩虹色的花》第五面

蜥蜴摘下一片红色的花瓣，穿在自己的身上。红色花瓣和蜥蜴绿色的身躯形成了鲜明的对比。蜥蜴双目紧闭，嘴角挂着淡淡的笑容，心中却在暗暗盘算：我这样的打扮去参加晚宴，该是何等地光彩夺目！

图8-9　《彩虹色的花》第六面

原文：

这些日子，阳光每天都很强烈。好像又有谁从花儿的身边走过。

"你好，我是彩虹色的花。你是谁呀？怎么呼哧呼哧直喘气呢？"

"哦，你好，我是老鼠。最近天气又闷又热，弄得我晕乎乎的。要有把扇子就好了。"

"哦，那正好可以用我的花瓣，不是吗？"

赏析：此时地面一片金黄，正是夏季，这是太阳最毒辣的时候。那只小老鼠因为太过炎热，已经满头大汗，连爪子和耳朵都被烤得通红。而现在，彩虹色的花朵已经蔫巴了，不像春天的时候那么茂盛。

图8-10　《彩虹色的花》第七面

小老鼠摘下一片蓝色的花瓣，把它系在自己的尾巴上，使劲地扇着。看着那只小老鼠一脸满足的样子，真舒服啊。蓝色表示凉爽，而背景则是黄色的，又是一组对比色。

图8-11 《彩虹色的花》第八面

原文：

白天越来越短，已经是秋天了。好像有谁从空中飞过。

"你好，你是谁呀？你还会飞啊。"彩虹色的花说。

"你好，我是小鸟。因为我有翅膀呀。今天是我女儿的生日，我要为她挑选一件礼物。可是，飞来飞去，什么也没找到，正着急呢。"

"那你看看我这儿有没有她喜欢的彩色花瓣呢？"

赏析：这个时候，地面一片橙黄，说明已经入秋了。而那朵彩虹色的花，此时看起来也越来越虚弱了，摇摇欲坠。就算她现在很虚弱，她也毫不犹豫地帮小鸟妈妈。

图8-12 《彩虹色的花》第九面

　　蓝色的小鸟妈妈叼走了一片黄色的花瓣，高高兴兴地去为女儿准备礼物了。黄色和蓝色的对比让黄色花瓣显得异常鲜艳。小鸟宝宝一定会很喜欢这片花瓣吧。

图8-13　《彩虹色的花》第十面

原文：

天空暗了，天气更冷了。好像有谁跟花儿打招呼。

"你好，彩虹色的花。最近冷多了，眼看就要下雨了，怎么办？"刚好经过的刺猬说。

彩虹色的花用虚弱的声音回答说："我能帮你什么忙吗？"

赏析：现在地面已经是一片褐色，没有了刚才的光亮，天空被一层厚厚的云层覆盖着，这是要下雨的征兆。这也代表着彩虹色的花的生命即将走到尽头。这时，那朵彩虹色的花已经很虚弱了，连站都站不稳了，可是她还是有气无力地询问要不要帮忙。

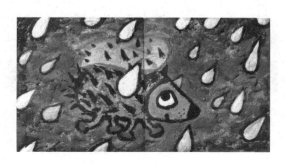

图8-14　《彩虹色的花》第十一面

天空中开始下起雨来，淅淅沥沥的雨滴不断落下来。小刺猬摘下一片绿色的花瓣，披在背上，看它那副得意扬扬的样子，似乎已经不再惧怕风雨了。

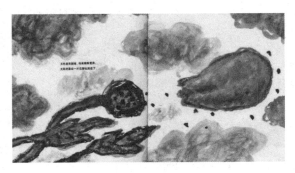

图8-15 《彩虹色的花》第十二面

原文：

天色越来越暗，传来阵阵雷声。

大风把最后一片花瓣也刮走了。

赏析： 刺骨的冷风，最终将彩虹色的花的最后一片花瓣也刮落，花朵的生命走到了终点，与此同时，那一颗颗小小的黑籽也随着风在空中飞舞。一个生命正在消逝，另一个新的生命正在孕育。

图8-16 《彩虹色的花》第十三面

原文：

太阳隐去了光芒。

花儿也被折断了，但她仍然静静地站在那儿。

雪花轻轻地、轻轻地飘落下来，仿佛要拥抱彩虹色的花。

赏析：天空渐渐变得阴沉，天空中飘落着几朵雪花，预示着寒冬已经来临。狂风吹落了花朵，落叶铺满了地面。处处弥漫着忧伤的气息。而那一颗颗黑籽则是从花蕊落下，埋入泥土，象征着新的生命。

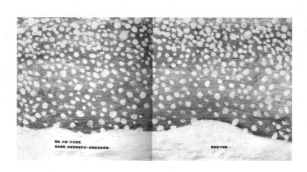

图8-17　《彩虹色的花》第十四面

原文：

很快，大地一片白茫茫。

谁会想到，这里曾经开过一朵彩虹色的花呢！

就在这个时候……

赏析：雪已经盖满了地面，一切都是白色的，似乎刚才的一切都没有发生。难道每个人都忘记了那朵彩虹色的花？未必。

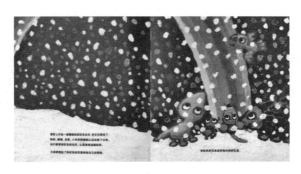

图8-18　《彩虹色的花》第十五面

原文：

雪野上升起一道耀眼的彩虹色光芒，把天空照亮了。

蚂蚁、蜥蜴、老鼠、小鸟和刺猬都从远处跑了过来。

他们看着彩虹色的光芒，心里渐渐温暖起来。

大家都想起来了彩虹色的花曾经给自己的帮助。

赏析： 一道彩虹色的光芒，从雪地中升起，彩虹色的光芒和彩虹色的花一模一样。那些曾经受过彩虹色的花恩惠的小动物们纷纷前来拜访，他们用行动证明了对彩虹色的花的感恩。如果我们愿意帮助他人，他人将会记住我们的帮助。

图8-19　《彩虹色的花》第十六面

原文：

漫长的冬天终于过去了，春天又来了。

一天早晨，太阳探出头来，他吃了一惊，高兴地说：

"早安，彩虹色的花。又见到你了！"

赏析： 终于，冬去春来，一天早晨我们终于又见到了彩虹色的花。可是，仔细看，这还是之前的那朵花吗？花瓣颜色的位置发生了变化，这是之前那朵花的种子开出的新花。春去春来，花落花开。

图8-20　《彩虹色的花》后环衬

后环衬和前环衬一样，也是铺满了各种颜色，仔细观察颜色的位置，从上到下变成了以花瓣的颜色顺时针地排列。预示着生命的轮回，生生不息。

（三）绘本价值与综合素质评价

绘本阅读有许多益处。首先，绘本是用图画与文字，将故事、情节及事件呈现给儿童的一种具有启发性及可读性的文本，能够促进语言及阅读能力的发展。图画书丰富的词汇、丰富的文法，可以提高孩子对语言的理解与运用。另外，绘本阅读还能培养孩子的阅读兴趣，养成良好的阅读习惯，为将来的学习奠定良好的基础。其次，儿童的情绪与社交能力的发展，是儿童成长过程中的一个重要环节，借由阅读图画书，让儿童学会处理情绪与人际关系，并发展其情绪与社交能力。最后，绘本阅读有利于提升儿童的想象力和创造力，一般情况下，绘本中包含着大量的图像和故事情节，它能够激发儿童的想象力和创造力，让儿童从更多的角度来看待问题和事物，从而拓展儿童的思维和视野。现如今，阅读能力被认为与个人的创造力和社会的发展高度有关，因此，儿童阅读在社会上得到了普遍的重视。绘本作为儿童的主要阅读对象，需要儿童将自己已有的生活经验、情感和想象力充分地发挥出来，这样才能实现从观察文字图画到认知与审美发展的转变。绘本为儿童创造了一个丰富多彩、多样化的和有意义的空间，以儿童进行全方位的阅读体验为基础，绘本阅读不但可以促进儿童的读写意识和读写能力的萌发，还可以促进儿童视觉素养的培养和发展，让儿童在绘本阅读的过程中得到全面的发展。

不难发现，绘本阅读的价值与当前综合素养的倡导趋于一致。综合素养代表个体广泛适应现实生活中的各种变化与挑战所必须具备的能力与品质。就绘本本身所蕴含的文本内容价值，绘本故事往往能吸引读者的兴趣，用引人入胜的故事情节带给读者思考。所以这也有利于教师创设故事情境。基于故事情境的综合素质评价是一种个性化评价、表现性评价。新的课程改革和综合素养评估都是建立在"以学生为中心"的教育观念上，强调让学生成为学习的中心，充分发挥他们在学习过程中的主观能动性，并重视学生在课堂上的参与度。故事情境教学法在整个实施过程中都深刻地反映了"以学生为中心"的教育哲学。

■ 二、选取情节，融入学科内容

综合素养评价指标体系可以对学生的认知能力、表达能力、想象能力、审美能力、运动能力和思维能力等方面的发展进行全面评价，学校可以对学生的潜力和特长进行更全面的了解，为学生提供个性化的教育和发展。在小学阶段，由于儿童的生理、心理和社会等多种因素的影响，使儿童的认知、情感、社会交往等表现出了一定的特征与差异。为了更好地反映学生的全面发展，我们构建了一套符合学生发展需要的综合素质评价指标体系。通过构建与小学生身心发展相适应的综合素养评价指标体系，能够对学生的发展情况有更多的了解，从而为学校和教师提供有针对性的教学改进意见，促进教育改革朝着更全面、更个性化的方向发展。

在构建故事情境时，我们必须遵循儿童的认知发展规律，确保与学生的身心成长相匹配，并满足他们的认知能力。小学低年级的学生充满了好奇，教师需要采取措施，向学生展示一些能激发他们兴趣的故事情节。这种做法不仅能让那些看起来与学生生活相距甚远的作品更加贴近实际，还能更有效地反映学生的心理和生理发展状况，使学生觉得学习是一项富有趣味性的活动，进而激发他们的学习热情，并体现出"以学生为中心"的教育理念。因此，教师在教学过程中需要经历选择情节、精练情节和改编情节这三个阶段，以确保最终生成的故事场景具备简明、全面和富有童趣的特质。

❀（一）场景一：助蚂蚁过水洼

根据绘本内容，数学教师和体育教师创编出相应的情境：春天，彩虹色的花帮助小蚂蚁测量了水洼的大小，并想出了过水洼的好方法。结合学科知识，发展学生的认知能力、思维能力和运动能力。在数学学科方面，学生的数学思维能力、问题解决能力和数学应用能力，可以从解决实际问题、运用数学方法和推理论证等方面进行评估。数学教师创设子任务，如判断多少长度的木桨更适合小蚂蚁。在这个过程中，发展学生的知识应用能力，即教师评价学生的应用能力，如将所学知识用于解决实际问题的能力，创新性思维能力，等等；语言表达能力即学生能否用清晰准确的语言表达自己的想法、情感和观点，是否具备一定的词汇量和语法能力；判断力和决策能力即学生在面对复杂问题时做出明智决策的能力，包括学生在决策时所考虑的各种因素、决策的合理性等方面。体育学科方面，体育老师提出情境性任务："小蚂蚁来到花瓣船尾，打算快速上岸，可以运用怎样的本领快速通过这窄窄的尾部呢？"要求学生完成一个前滚翻动作，通过学生的表现，发现他们的运动能力发展是否协调，评价学生在运动中的身体协调性和平衡感，包括平衡、灵活、反应等方面的能力。

❖（二）场景二：给蜥蜴做衣裳

"夏日的一天，彩虹色的花用花瓣帮助蜥蜴制作出席宴会的衣服。"在这个主题背景下，英语和美术学科的教师创设故事情境，发布子任务，提出问题，让学生尝试解决问题。通过活动表现，评价学生的认知能力、表达能力，如要求装饰 T 恤衫，既能让学生尝试运用认知能力，也能发展美学表达能力，装饰图像。又如用英文回答小蜥蜴需要什么样的衣服，让学生结合所学知识，展示学生的想象能力和表达能力。

❖（三）场景三：帮助小老鼠

"夏天到了，这些日子，每天的阳光都很强烈。彩虹色的花感觉到好像有谁从她的身边走过，原来是一只需要帮助的小老鼠。让我们和彩虹色的花一起去帮帮他吧！"在这个主题背景下，语文和道德与法治学科的老师设计出适宜性任务，发展并评价学生的认知、表达和想象能力。

❖（四）场景四：用尽花瓣

"天色越来越暗，传来阵阵雷声，大风把最后一片花瓣也刮走了。很快，大地一片白茫茫，彩虹色的花被厚厚的雪盖住了。小动物们都从远处跑了过来，大家想起了彩虹色的花曾经给予自己的帮助，情不自禁地唱起了动听的歌曲，为彩虹色的花加油打气。"在这个主题背景下，唱游学科的老师提出表现性任务，如用好听、自然的歌声，优美、连贯的动作演唱歌曲，为彩虹色的花加油打气，评价学生的审美能力发展情况。

◆（五）场景五：重获新生

冬去春来，一天早晨，太阳惊喜地大喊："早，彩虹色的花，又见到你了！"花儿笑着回答说："太阳公公早上好，我重获新生啦！"在这个主题背景下，自然、探究学科的老师设计表现性任务，请学生们区分不同时段花儿的影子，并尝试利用手电筒模拟太阳，照射花儿形成影子，同时阐述影子产生、变化的原因。另外，在完成任务时，关联学生的生活经验，从文本走向生活的校园环境，来认识不同种类花朵的特点。

综上，《彩虹色的花》故事情节对应情境，针对的学科和综合素质评价发展学生的能力见表 8-1。

表8-1　《彩虹色的花》故事情境与对应的评价学科与能力

文本：《彩虹色的花》				
序号	故事情节	创编情境	学科	能力
1	助蚂蚁过水洼	春天，彩虹色的花帮助小蚂蚁测量了水洼大小，并想出了过水洼的好方法	数学、体育	认知、思维、运动
2	给蜥蜴做衣裳	夏日的一天，彩虹色的花用花瓣帮助蜥蜴制作出席宴会的衣服	英语、美术	认知、表达、想象、审美
3	帮助小老鼠	夏天，阳光强烈，彩虹色的花帮助小老鼠，用花瓣给小老鼠做扇子	语文、道德与法治	认知、表达、想象
4	用尽花瓣	冬天，彩虹色的花用尽所有花瓣帮助了他人，所有被帮助过的小动物为她歌唱	唱游	审美
5	重获新生	在下个春天，新的嫩芽从土里冒出来，在阳光下渐渐生长	自然、探究	认知、思维、表达

三、基于故事情境的评价任务设计

基于故事情境的综合素养评价任务设计的基本流程，包括选择故事文本、创编故事情境、制定评价方案三大步骤。这一流程为开发基于故事情境的综合素养评价任务提供了清晰的路径。在明确了特定的故事情境之后，各科教师再共同制订自己所教课程的评估计划，并明确评价目标、评价任务以及评价规则。

（一）评价目标的确立

学科评价目标主要来源于本学期课程标准中所要求的学生应掌握的学科内容和学科核心素养。与此同时，教师倾向于选择用纸笔方式对不太容易评的目标进行评价，将综合素养与学科素养相结合，并在学科知识方面进行适当的选择。下面便以《彩虹色的花》故事情境下的数学学科评价活动为例作具体阐释。

从《义务教育数学课程标准（2022 年版）》可以看出，小学数学学科核心素养是：数感、量感、符号意识、运算能力、几何直观、空间观念、推理意识、数据意识、模型意识、应用意识、创新意识。在项目组前期建立的综合素养评价指标体系中，认知能力、表达能力和思维能力与数学学科的特征比较契合。

（1）认知能力是指学生在学习过程中所掌握的知识储备能力、知识应用能力、认知过程能力等。在活动过程中，通过对学生能否识记、领会和运用本学期所学的知识来对学生的认知能力展开评价。认知能力是所有学科评价活动中都会考查到的一种能力，是评价目标中不可或缺的一种。特别是在数学中，低水平的运算能力和空间概念与低水平的学生的知识水平非常吻合。

（2）表达能力包括语言、文字、图像和多媒体等。在数学评价活动中，学生基本上都是通过口答来完成活动，这就与口头表达能力有关，可以从清晰度、流畅度、连贯度等维度来对学生的思维过程进行评价。

（3）思维能力指的是创新能力、批判思维能力、判断力、决策能力与执行能力，其具体表现包括可以对问题的关键要素进行分析，可以在收集到的资料和数据的基础上做出理性的判断和决策，包括数学的推理意识、应用意识、创新意识等。

● （二）评价任务设计

教师应依据评价目标，进行评价任务的设计。在设计评价任务的过程中，要注重任务形式的多样化，并且要有趣味性、实用性等。在进行评价任务的设计时，主要以评价对象的日常学习情况为依据，教师将其与实际教学内容相结合，选择适宜的载体，设计出与学生认知水平、兴趣爱好和实际生活相接近的评价任务。在设计任务的时候，要注意故事情境的关联性；在表达任务的时候，要更加符合低龄儿童的语言和思维。以一年级《彩虹色的花》数学和体育学科为例：

第一题：蚂蚁爬上来，发现有两片花瓣上写着这样的算式："聪明的小蚂蚁，请你想一想，哪片花瓣上的算式和图上表示的过程是一样的呢？说一说你是怎么想的？"

$$36 + 27 = 63$$
$$36 + 7 = 43$$
$$43 + 20 = 63$$

$$\begin{array}{r} 3\ 6 \\ +\ 2\ 7 \\ \hline 6\ 3 \end{array}$$

第二题：小蚂蚁拿到了花瓣，他用花瓣做船，木棍做桨。请仔细观察，小蚂蚁选择哪根木棍做桨比较好呢？有多长呢？

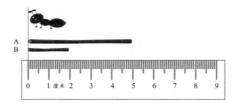

◆（三）评分标准的研制

设计好评价目标与任务后，教师会制定评价准则，即学生的哪种表现能获得 A，哪种表现只能获得 B、C、D。以 2022 学年第二学期期末基于故事情境的一年级学生综合素养评价实践研究《彩虹色的花》数学和体育学科的评价细则为例。见表 8-2。

表8-2　《彩虹色的花》一年级数学与体育学科评价细则

学科融合主任务	子任务	等第制评价描述
小蚂蚁运用思维能力和运动能力解决过水洼遇到的问题，顺利抵达对岸。	第一题：小蚂蚁爬上来，发现有两片花瓣上写着这样的算式："聪明的小蚂蚁，请你想一想，哪片花瓣上的算式和图上表示的过程是一样的呢？说一说你是怎么想的？" 36 + 27 = 63 36 + 7 = 43 43 + 20 = 63 评价指向： A2. 知识应用能力：评价学生的应用能力，如将所学知识用于解决实际问题的能力，创新性思维能力，等等 B1. 语言表达能力：学生能否用清晰准确的语言表达自己的想法、情感和观点，是否具备一定的词汇量和语法能力 C3. 判断力和决策能力：学生在面对复杂问题时做出明智决策的能力。包括学生在决策时所考虑的各种因素、决策的合理性等方面	A. 通过对两位数进位加法的算理认识，以及位值图的认识，观察到"逢十进一"的过程，能较为快速地做出选择，并较为清晰地运用数学语言说出原因 B. 通过对两位数进位加法的算理认识，以及位值图的认识，观察到"逢十进一"的过程，能正确做出选择，并能用数学语言说出原因 C. 能够通过所学算理知识，正确做出选择，但无法通过规范的数学语言说明原因 D. 不能正确做出选择

（续表）

学科融合主任务	子任务	等第制评价描述
小蚂蚁运用思维能力和运动能力解决过水洼遇到的问题，顺利抵达对岸。	第二题：小蚂蚁拿到了花瓣，他用花瓣做船，木棍做桨。请仔细观察，小蚂蚁选择哪根木棍做桨比较好呢？有多长呢？ 评价指向： A2. 知识应用能力：评价学生的应用能力，如将所学知识用于解决实际问题的能力，创新性思维能力，等等 C3. 判断力和决策能力：学生在面对复杂问题时做出明智决策的能力。包括学生在决策时所考虑的各种因素、决策的合理性等方面	A. 能够通过比较长短的方法快速判断木棍的长短，选择长的一根，并运用度量的知识准确读出数据 B. 能够通过比较长短的方法快速判断木棍的长短，选择长的一根，并运用度量的知识读出数据。自己能及时纠正，最终正确回答 C. 不能够自己通过比较长短的方法快速判断木棍的长短，选择长的一根，或运用度量的知识准确读出数据。经过老师提示，才能正确回答 D. 无法判断木棍的长短，或无法运用度量的知识准确读出数据

■ 四、基于《彩虹色的花》的综合素养评价过程

项目团队在每个学期结束时，都会组织学生进行基于故事背景的综合能力评估活动。通过对学生进行调查问卷和访谈，了解其真实想法并反馈至课程团队，从而形成基于故事情境的综合性评价方案，以提升学生的综合能力与核心素养。在执行多轮基于故事情境的综合素养评价活动后，项目组逐步明确了这类评价任务的基本实施流程，包括环境布置、任务分工、评价实施和数据分析这四个主要步骤，为这类评价的实施提供了清晰的指导路径。

● （一）环境布置

环境设置是评价活动中的一个关键环节，以情景为基础的环境设置可以营造一个有故事感的气氛，让学生更快、沉浸地进入熟悉的故事。同时，以模拟现实场景为背景的副故事，可以引导学生逐步探索。环境布置可分为实体场景环境布置和虚拟场景环境布置。

1. 实体场景环境布置

实体场景环境布置是由美术组的教师以故事情境为基础，采用绘画、手工、打印等方法，制作出故事的人物形象和情景的环境背景，并在活动场所进行分情景的布置。学生一进入活动场所，就能置身于熟悉的故事场景中，被有趣的情景所吸引，从而消除紧迫感，激发他们探索的兴趣和动机。以下是2022学年第二学期期末学生综合素养评价《彩虹色的花》的实体场景环境布置（如图8-21）：

助蚂蚁过水洼

给蜥蜴做衣裳

帮助小老鼠

用尽花瓣

重获新生

图8-21　2022学年第二学期期末学生综合素养评价《彩虹色的花》的实体场景环境布置

2. 虚拟场景环境布置

虚拟场景环境布置由信息组的教师根据创编的故事情境，下载素材，模仿故事人物的语音语调录制音频，在平板电脑上制作评价任务。学生们拿起平板电脑，看到的是极其生动的卡通形象、色彩协调的动感画面，听到的是惟妙惟肖的任务语言，曾经的阅读体验一下子就被唤醒，马上就可以进入故事情境。以下为2022学年第二学期期末学生综合素养评价《彩虹色的花》的虚拟场景环境布置和任务表（见表8-3）：

表8-3　2022学年第二学期期末学生综合素养评价《彩虹色的花》
的虚拟场景环境布置和任务表

情境	情境一	情境二	情境三	情境四	情境五
名称	助蚂蚁过水洼	给蜥蜴做衣裳	帮助小老鼠	用尽花瓣	重获新生
角色	蚂蚁	蜥蜴	小老鼠	蚂蚁、蜥蜴、小鸟	彩虹色的花

（续表）

情境	情境一	情境二	情境三	情境四	情境五
学科	数学、体育	英语、美术	语文、道德与法治	唱游	自然、探究
任务	小蚂蚁运用思维能力和运动能力解决过水洼遇到的问题，顺利抵达对岸	小蜥蜴需要什么样的衣服？谁能帮助小蜥蜴？装饰并介绍T恤	帮助小老鼠向彩虹色的花请求一片花瓣来当作扇子	为彩虹色的花唱歌加油	学会如何照顾一株植物
场景					

（二）任务分工

以故事为基础的评估活动，要求教师通力合作，对学生的多种行为进行全方位的观察。所以，为了确保测评活动可以顺利地进行，并且能够有效地实施，在进行评价活动的时候，教师被分为五个评测组，分别是学生带队组、数据分析组、任务评价组、任务观察组和拍摄记录组，每个测评组也进行了详细的分工，具体内容见表8-4：

表8-4　评价活动实施时的教师分工

评测组	具体分工
学生带队组	将参加活动的学生分为若干小组，教师带领其参与各个故事情境的评价活动，同时对学生参与活动的行为习惯进行评价
任务评价组	教师依据等第制描述标准，对学生解决故事情境中的任务表现进行等第制评价并及时做好记录，对打分存疑的部分进行标注，便于后期核验
任务观察组	教师随机抽样部分学生，根据观察记录表上的观察要点，及时进行学生表现的记录，对打分存疑的部分进行标注，便于后期核验
数据分析组	活动后将评价组、观察组等信息收集起来，并进行汇总统计，分析数据后面的学生能力发展的状况
拍摄记录组	使用录像设备，对学生的表现进行拍摄记录，以备后期数据核验和教师反思

（三）评价实施

学生在情境中扮演角色，根据情境的需要，或单独完成任务，或与他人合作解决问题，和小伙伴一起感受成功的喜悦。我们创设了《彩虹色的花》的实体故事情境，在《彩虹色的花》故事情境中，学生们手持评价等第记录表，依次经历以下情境：①给蜥蜴做衣裳（英语和美术学科）；②用花瓣做礼物（语文和道德与法治学科）；③助蚂蚁过水洼（数学和体育学科）；④用尽花瓣（唱游学科）；⑤重获新生（自然和探究学科）。在此过程中，学生们运用学过的知识解决问题，完成任务。

（四）数据分析

测评活动结束之后，负责的教师需要进行仔细的分数登记工作。这表明教师将对学生提交的答卷进行细致的审查，并依据评分准则给出相应的得分。在进行现场评估时，如果存在疑虑，教师可能会查阅视频资料以确认分数的真实性。完成成绩登记和核实任务后，学校将学生在各项活动中的数据进行汇总。这可能涉及学生的分数、表现以及成绩等多个方面。这批数据将被应用于教师进行目标明确的分析，以便更好地了解学生的能力成长状况。教师需要对学生的表现进行全面的分析，并对自己的教学行为进行反思和改进。他们会仔细考虑哪些教学手段和策略是行之有效的，哪些方面需要进行优化。经过这种深入的反思，教师不仅能够提升自己的教育能力，还能更有效地满足学生的期望和需求。此外，学校有能力借助学生在各种活动中收集到的数据作为参考依据，以进一步优化教育和教学管理的质量。依据数据分析的成果，学校有能力制定合适的教育方针和优化方案，旨在提升教学品质和学生学习效果。

该过程着重于数据的搜集、解析和运用，目的是提升教学方法的科学性和个性化水平。通过对数据进行深入的分析和反思，教师和学校有能力持续改进教育和教学方法，从而为学生营造一个更优质的学习氛围，提高教育水平。

■ 五、学生的表现

综合素养评价指标体系能够全面评价学生的认知能力、表达能力、想象能力、审美能力、运动能力和思维能力等方面的发展，学校能够更全面地了解学生的潜力和特长，为学生提供个性化的教育和发展，更好地培养学生的创新能力，更好地促进学生的全面发展，更好地为学生服务。建立一个客观的、全面的评价学生素质与能力的评价体系，可以促进教学质量的提高。传统的单一的考试评价方式，很难对学生的综合能力和发展潜力进行全面的反映，而综合素质评价则采用了多样化的评价手段，从多个角度来对学生的学科知识、实践能力、创新性思维、社会责任感等方面进行评估。

综合素养评价指标体系可以将学生的个体差异和发展动态反映出来，它可以帮助学生在学习的过程中找到自己的优点和缺点，从而提升他们的自我认知水平，为学生的终身发展奠定基础。从学生的学习成绩、课外活动、社会实践、综合素质等几个方面，对学生的兴趣、特长、潜力等进行全面评估。在此基础上，提出一种新的、符合学生实际情况的评价方法。学校能够以学生的评价结果为依据，为他们提供有针对性的教育和辅导，从而使他们能够充分发挥自己的潜能，弥补自身的不足，从而提升自己的综合素质。

综合素养评价指标体系可以将学生的学习状况和综合素养发展水平全面地反映出来，从而为教师提供有针对性的反馈和改进意见，帮助教师改进教学方法，推动学生的学习和发展。利用综合素养评价指标体系，教师可以更好地了解每一位学生的学习特点和需求，从而可以以评价结果为依据，制定出具有个性化的教学计划和教育方案，为教师提供更为精准和高效的教学支持。同时，该评估结果还能为师生间的交流与沟通提供一个重要的参考，从而促进师生间的互动与合作。在小学英语教学中，学生的综合素质是一个重要的组成部分。在这种情况下，教师可以根据学生的反馈，对自己的教学方式与策略进行反省，从而达到提高教学质量的目的。此外，评估结果也可作为各学校改善教学制度及训练计划之参考，提升整体教学品质。以2022学年第二学期基于故事情境的小学低年级学生综合素养评价实践研究《彩虹色的花》二年级英语综合评价质量分析表为例，见表8-5（学生版）、表8-6（教师版）。

表8-5　《彩虹色的花》二年级英语综合评价质量分析表（学生版）

考查内容	考查能力	等第	人数	得分率（%）
Ask and answer: What season is it? How is the weather? What colour is autumn? How is autumn? What do you like doing in autumn? What do you want?	认知能力、 想象能力	A	34	97.14%
		B	1	2.86%
		C	0	0%
		D	0	0%
Say a rhyme: I'm a flower. Big and tall. I like autumn. Windy and cool. I like singing. Singing a song. I like dancing. Dancing in the wind.	表达能力	A	33	94.29%
		B	2	5.71%
		C	0	0%
		D	0	0%
Try to say: Wow! A coat. It's… (what colour). It's… (how). I like my new coat.	审美能力、 表达能力	A	35	100%
		B	0	0%
		C	0	0%
		D	0	0%

表8-6 《彩虹色的花》二年级英语综合评价质量分析表（教师版）

学情分析	教学分析
二（1）班大部分学生的读图能力、日常对话能力较强，能听懂问题或相关指令，并准确、流利地回答或做出相应动作。有一位学生的读图能力较弱，对日常交际用语也不够熟悉	"What do you want?" 的句型没有学过，学生听到"want"不知如何回答，课内使用更多的是"I have... for..."或者"I need..."
二（1）班的多数学生表达能力较好，平时课堂参与度较高，发言的声音响亮，也能够语调优美地朗读指定文段。但部分学生对自己的口语能力不自信，朗读文段时流畅度不足	少数同学在 flower 那里愣住，纠结是否需要加上 colourful 之类的形容词
二（1）班多数学生的逻辑思维能力较强，能通过图片、音频和文字信息，在情境中观察内容并进行表达。个别学生的情境融入性较弱，需要在教师的提示下才能正确完成情境任务	部分学生对"how"的表达不确定，需要教师的提示才能说完整

第九章　基于故事情境的综合素养评价应用之《西游记》

万科实验小学以《西游记》故事文本作为创编对象，形成了基于《西游记》故事情境的综合素质评价实践活动。本章以《西游记》故事简介、针对的学科、关注的核心素养、任务的设计、任务的实施、学生的表现为线索和框架，详细说明故事情境在综合素养评价中的应用。

■ 一、《西游记》的内容与教育价值

基于故事情境的综合素养评价活动就是要使学生置身于丰富有趣的故事情境活动之中，与此同时，教师结合故事情境提出明确的评价任务。学生需要在评价任务的驱动下开展探究活动，体验乐趣并发展综合素养。因此，选择的故事文本需要符合小学低年级学生的身心发展特点，并且需要考虑其教育意义。

《西游记》是中国古代文学四大名著之一，由明代作家吴承恩所著。小说以佛教典籍《大唐西域记》为基础，讲述了唐僧师徒四人历经九九八十一难，取得真经的故事。这个故事发生在唐朝时期。玄奘取经途中遇到了困难，决定招募三个善良的妖怪做他的护法神。孙悟空、猪八戒和沙僧应邀而来。孙悟空是一个聪明机智、变化多端的

猴子精。他通过与玄奘的较量，证明了自己的实力和忠诚。他帮助玄奘抵挡了妖魔鬼怪的袭击，并保护了师徒四人的安全。第二位加入的是猪八戒。猪八戒原本是天宫天蓬元帅，因故被贬下凡界，并变成猪形。猪八戒为了能够重新回到天宫，决定投靠玄奘去取经。他虽然嘴馋性懒，但心地善良，是个十分可爱的角色。他帮助玄奘师徒克服了许多困难，也经常给大家带来欢乐和笑声。第三位加入的是沙僧。沙僧原是天宫卷帘大将，因打碎琉璃盏而被贬到凡间。沙僧性格沉静，勇敢正直，他与猪八戒形影不离，相互帮助，共同清除了许多妖魔鬼怪的阻碍。他们在旅途中遇到了许多有趣又危险的人和事，如白骨精、蜘蛛精、铁扇公主等。每个故事都充满了惊险、幽默和智慧。在取经途中，玄奘师徒还得到了观音菩萨的保佑和指引。他们遇到了许多困难，但最终凭借着智慧和勇气一一克服，取得了真经回到了长安。《西游记》以其丰富的想象力、生动的人物形象、精彩的情节和深刻的寓意，成为中国古代文学经典之一。这个故事不仅展示了师徒四人的勇敢和智慧，也传达了对正义与善良的追求和对人性的思考。它不仅是一部寓言式的文学作品，更是一部传世的经典，影响着无数读者。

《西游记》一书以唐朝太宗贞观年间孙悟空、猪八戒、沙僧、白龙马四人保护唐僧西行取经为线索，鼓励孩子们智慧勇敢，克服困难，不畏艰险，这一故事具有重要的教育意义，有助于学生树立正确的道德价值观。《西游记》围绕西天取经的主线，讲述了唐僧、孙悟空、猪八戒、沙僧师徒四人许多降妖除魔的故事，故事情节丰富曲折，人物形象鲜明，非常适合小学低年级的学生阅读。《西游记》一书中，孩子们对取经的故事固然感兴趣，但读整本原著难免会觉得枯燥难懂，因此，教师挖掘学生感兴趣的点，选择其中唐僧救猴王、计收猪八戒、真假美猴王、大战流沙河、趣经女儿国五个教育学生智慧勇敢的故事情节，引导他们有目标地进行阅读。

　　《西游记》通过师徒四人的经历，强调了勇气、智慧、忍耐和团结等价值观。它鼓励读者培养积极向上的品质，面对困难时坚持不懈，追求真理和正义。《西游记》的故事情节有趣、跌宕起伏，以师徒四人的取经之旅为主线，具有非常高的生动性和连贯性，易于激发学生的学习兴趣，有助于使学生沉浸其中参与综合素养评价，也有利于教师进行故事情节的创编。同时，师徒四人的取经之旅遇到众多的困难与挑战，学生能够扮演一定的角色，跟随师徒四人体验取经之路，在教师的引导下解决问题并完成任务；教师也能够依据一定的观察量表和评分标准对学生的表现进行评价，这与学校提倡的基于故事情境的低年级学生综合素养评价活动十分契合。同时，《西游记》融入了丰富的中国传统文化元素，包括佛教思想、道教观念、神话传说等，通过参与相关的综合素养评价实践，学生还能够更好地了解和传承中华优秀传统文化，培养对民族文化的自豪感和认同感。

■ 二、选取情节，融入学科内容

　　由于《西游记》的故事情节充满趣味且人物形象十分鲜明，教师既想在课堂上表达故事中本来所要传递的情感与品质，又要考虑各类学科的教学特点，所以教师在选择创编场景时常常感受到挑战。教师团队首先对《西游记》的故事内容做整体的梳理，经过多番讨论之后，教师认为《西游记》的情节内容较长，需要选择学生耳熟能详的内容才能满足以上需求。不同学科的教师根据本学科的学科特点以及故事的内容，对故事进行简单改编，开展综合素养评价。最后所呈现出的故事情节一共有五个，分别是唐僧救猴王、计收猪八戒、真假美猴王、大战流沙河和趣经女儿国。这五个故事情节分别与英语、数学、探究、语文、道德与法治、自然、体育、唱游、美术等学科结合，它们相互串联在一起，最终形成一个完整的故事。

（一）场景一：唐僧救猴王

唐僧救孙悟空出五指山的情节有着丰富的教育意义，它提醒孩子们要珍视师生之间和朋友之间的情谊，坚定自己的目标并勇往直前，相互帮助和支持，在生活中做一个勇敢、忠诚、友善、助人为乐的人。唐僧和孙悟空的师徒之间充满了深厚的情感和信任。唐僧不仅是孙悟空的老师，更是他的朋友和榜样。而孙悟空也对师父的话深信不疑，忠诚、勇敢、聪明，为取经团队做出了巨大贡献。

英语方面考查的是学生的认知、思维和语言表达能力。根据故事情节，孙悟空需要通过与唐僧之间的对话说明情况才能够被唐僧救出五指山。在综合素养评价实践中，教师们将这些对话与表达具象化，基于大纲要求拓展故事情节，着重于对学生的表达能力进行评价。

（二）场景二：计收猪八戒

猪八戒原本是天宫的天蓬元帅，因为在天宫犯了错误而被罚下凡间转世修行。他因贪吃懒做、淘气调皮的性格而得名"猪八戒"。孙悟空在准备将猪八戒抓回天庭时，猪八戒请求能够跟随唐僧一起修行取经，以洗心革面。猪八戒向观音菩萨保证自己会改过自新，并发誓要保护唐僧。观音菩萨考虑到猪八戒的意愿以及他具有一定的能力，最终同意了他加入唐僧师徒团队的请求。猪八戒被赐法号悟能，穿上僧袍，成为唐僧的徒弟之一。从那时起，猪八戒就与唐僧、孙悟空和沙僧一起共同面对各种妖魔鬼怪的阻碍，克服各种困难，最终实现取到佛经的目标。在这个过程中，猪八戒逐渐展现出真诚、善良和忠诚的一面，并成为唐僧师徒团队中不可或缺的成员。这个情节的教育意义在于：要勇于改正错误、珍惜团队合作、互相帮助、从错误中汲取教训，并坚持追求目标。这些价值观对于培养良好的品德和塑造积极的人生态度具有重要意义。

数学方面考查的是学生的认知能力、思维能力和表达能力。在故事中，唐僧师徒二人需要与猪八戒发生一系列冲突，猪八戒才能被编入取经团队中。因此，教师将相关情节具象化，根据大纲的要求对相关内容进行拓展，考查学生对时间的认知能力和应用所学知识解决问题的逻辑思维能力。同时，在探究学科方面，教师将一些动物的反常行为融入对学生探究和表达能力的评价。

● （三）场景三：真假美猴王

真悟空身边蹦出个假悟空，假悟空道行甚高，把真悟空的一言一行模仿得惟妙惟肖，旁人难分彼此。于是二人来到唐僧面前，唐僧看看这个悟空，分明是自己的徒儿；看看那一个，分明也是。唐僧不知如何是好，生怕认错了徒弟，双手合十，无能为力。二人又相求于观音，观音看二人都像是自己苦心扶植的那个悟空，一时没了主意，挥挥手，爱莫能助。二人又来到地藏菩萨殿下，菩萨有一神物唤作地听，能辨世间万物，可是地听伏耳贴地听完之后却摇了摇头。最后二人来到了如来佛祖面前，如来眨一眨眼就辨出了真伪。通过"真假美猴王"这个故事，我们可以看出虚荣心、自负心态等负面因素所带来的危害。这个故事的教育意义在于：即使面对失败和困难，只要能够正视错误，坚持努力，就一定可以获得成功和重生。

教师将语文和道德与法治学科评价活动的故事情境主要围绕真假美猴王这一情节进行展开。语文方面考查的是学生的认知能力、表达能力和思维能力。在故事情节中，真假美猴王需要介绍自己，在他人的辨认下，假美猴王才能现出原形。教师将转化为对认知能力、表达能力和思维能力的评价，以此判断学生对词汇、语法等基本学科知识的掌握情况。同时，在道德与法治学科方面，教师还将真假美猴王之间的争辩转化为对学生表达相关能力的评价。

● （四）场景四：大战流沙河

沙僧原为天宫中的卷帘大将，因在蟠桃会上打碎了琉璃盏，惹怒玉皇大帝，被贬入人间，在流沙河畔当妖怪，受万箭穿心之苦。师徒三人走到流沙河，因水深过不去。水中河妖要吃唐僧，悟空和八戒把河妖打到水里，不敢出来了。八戒下水引妖精出来，又被悟空打下水去，又不出来了。正无计可施之时，惠岸行者奉观音的旨意来收服河妖，唐僧给河妖起名叫沙和尚，然后沙和尚把唐僧渡过流沙河，最后一起去取经。沙僧一路主要负责牵马。得成正果后，沙僧被封为"金身罗汉"。他为人忠厚老实、任劳任怨。

教师将自然和体育学科综合素质评价活动的故事情境主要围绕唐僧师徒打败河妖这一主线展开。体育和自然学科考查的是学生的表达和运动能力。在故事情节中，学生需要通过完成多项任务才能战胜河妖，教师将这些挑战过程具象化，将师徒们战斗的过程转化为对表达能力和运动能力的评价，以此来判断学生的表达能力和身体素质。

● （五）场景五：趣经女儿国

唐僧师徒来到西梁女国，八戒误食子母河的水而怀孕，孙悟空为救师弟，与掌握去胎井水的如意真仙展开斗争。而西梁女王又看中了唐僧，要以身相许，让出王位，唐僧师徒无可奈何，设计逃出西梁女国。琵琶洞的蝎子女妖，又乘机抢去唐僧，孙悟空、八戒、沙僧与蝎子精展开殊死搏斗，昴日星君前来帮忙，击败蝎子精，救出唐僧。

　　教师将唱游和美术综合素质评价活动的故事情境主要围绕唐僧师徒在女儿国中的经历展开。唱游和美术学科考查的是学生的审美能力和想象能力。在故事情节中，女儿国的服饰和歌声非常吸引唐僧师徒的目光，教师将这些内容转化为对学生审美能力和想象能力的评价，以此来判断学生的综合素质。（见表9-1）

表9-1　《西游记》故事情节与学科及综合素养对照表

故事情节	学科	能力	创编情境
唐僧救猴王	英语	认知、思维、表达	孤独的美猴王被压在五指山下，一个晴朗的秋天，骑着白马的唐僧途经此处，并解救了他，被解救的美猴王希望能得到一件外套
计收猪八戒	数学、探究	认知、思维、表达	孙悟空在暮色中等待猪八戒的出现，然后拿出金箍棒与之进行了一番打斗并将其收服，孙悟空利用尾巴的作用翻墙进院解救了翠兰
真假美猴王	语文、道德与法治	认知、表达、想象	真假美猴王向大家介绍了自己并讲述了假猴王的意图。最终，真猴王现身，他讲述了自己的遭遇
大战流沙河	自然、体育	表达、运动、认知	唐僧三人来到流沙河，遇到一条奄奄一息的小鱼，并帮助了它，它提醒河里有妖，孙悟空和河妖大战数回无果，翻筋斗云去找观音相助
趣经女儿国	唱游、美术	审美、想象	唐僧师徒来到西梁女儿国，见识了国王的美丽外表并且欣赏了西梁国的服饰美，最终离开，女儿国国王用优美的歌声送别他们

■ 三、基于故事情境的评价任务设计

在进行了多轮以故事情境为基础的综合素养评价任务设计后，项目组逐步确定了以选择故事文本、创编故事情境、制定评价方案为主要内容的综合素养评价任务设计的基本流程。这一过程为构建以故事情境为基础的学生综合素质评估任务提供了明确的思路。

● （一）英语学科

1. 评价目标的确立

在准备初期，确定了评价目标，并明确了评价原则，制定了相应的评价标准。各学科教师以教研组为单位，认真研读《西游记》，对《西游记》中经典故事内容进行了重新打磨，分析书中人物特点和主要故事情节，与各个学科知识点以及低年段学生的学习特点，基于大纲要求拓展故事情节，旨在评价活动中渗透对学生进行综合素养六大能力的评价，英语学科着重于对学生的表达能力进行评价，主要围绕表达的清晰度、流畅度、连贯度、准确度和情感态度等确立评价目标和评价指标。

2. 评价任务设计

结合《西游记》中的故事内容与情节，英语学科以"唐僧救猴王"这一主题情境展开评价活动，将考题设置融入该故事情境中，通过 Ask and answer、Read and choose、Say and act 三个关卡，考查学生的表达能力。（见表9-2）

表9-2 "唐僧救猴王"英语学科评价任务

考题类型	评价任务
Ask and answer	1. What season is it? (It's autumn.) 2. How's the weather? (It's sunny/ cool.) 3. What can you hear?(I can hear a horse.) 4. What colour is the horse? (It's white.) 5. Can you ride a horse? (Yes, I can./ No, I can't.)
Read and choose	ride white tall help horse Look! I can see Tong Monk. He's tall. He has a horse. It is white. He can ride the horse. He can help me.
Say and act	(Tang Monk: Who are you? What's the matter?) Monkey King: I'm Monkey King. I'm sad. My coat is old. My trousers are old too. I can't move. Help! Help me! (Tang Monk: OK! Let me help you!)

3. 评分标准的研制

表9-3 "唐僧救猴王"英语学科评价标准

考题类型	检测能力	评价标准
Ask and answer	认知能力 （通过观察图片理解故事内容；倾听能力）	A. 能听懂问题，并能完整、准确、流利地回答五个问题 B. 能基本听懂问题，并能基本完整、准确、流利地回答三至四个问题 C. 能基本听懂问题，并能基本准确地回答一至两个问题 D. 不能听懂问题，并回答问题
Read and choose	逻辑思维能力 （能通过图片、音频和文字信息，在情境中观察、理解、分析故事内容并进行表达）	A. 能准确地选择五个单词，并富有感情地、流利地描述他人的外貌特征和能力，语音语调准确、自然 B. 能准确地选择三至四个单词，并流利地描述他人的外貌特征和能力，语音语调适中 C. 能准确地选择一至两个单词，并基本准确、流利地描述他人的外貌特征和能力 D. 不能准确地选择单词完成句子

（续表）

考题类型	检测能力	评价标准
Say and act	表达能力（观察图片，根据提问对所听到问题做出快速反应，进行准确、流利的回应）	A. 能运用自己的想象力和肢体语言，富有感情地、准确流利地完成对话，语音语调生动、准确、自然 B. 能运用自己的想象力，基本准确、流利地说出四到五句句子，语音语调适中 C. 能基本准确地说出两到三句句子 D. 不能完成对话

（二）语文学科

1. 评价目标的确立

评价活动针对的对象是小学一、二年级的学生，此阶段的学生主要学习语文基本知识以达到学习目标。但他们的注意力不稳定、不持久，并且经常与兴趣爱好密切相关；他们的思维从具体形象思维逐步向抽象逻辑思维过渡，但他们的抽象逻辑思维的发展还不完全，具有很大成分的具体形象性；一、二年级的学生虽然已经能初步控制自己的情感，但还常有不稳定的现象。自我尊重，希望获得他人尊重的需要日益强烈，道德情感也初步发展起来；一、二年级学生的身体各器官、系统都生长发育得很快，他们精力旺盛、活泼好动，他们的自我意识在不断发展，自我评价的能力也不断增长。随着年龄和见识的增长，他们已不再完全依靠教师的评价来估计自己，而是能够把自己与别人的行为加以对照，独立地做出评价。因此，在小学阶段进行综合素养评价时，不能脱离学生身心发展特点、规律，评价不仅要具体而且标准要难度适宜。

2. 评价任务设计

结合《西游记》中的故事情节，让孩子们戴着各式的人物头套进行闯关，身临其境，比拼知识。语文测评中，共有三项任务。

表9-4　"真假美猴王"语文学科评价任务

考题类型	评价任务
读出词语正确的读音，并说出ABAB式的词语	大家好，吾乃齐天大圣孙悟空，人们都称我为美猴王！大家好，我身上的毛金黄金黄的。小朋友，你也能像孙悟空一样，说几个"金黄金黄"一样的词吗？
读好长句子，注意停顿	六耳猕猴出场，说："我才是真的美猴王，不信，我们比一比，看谁能读好下面这句话。"小朋友，你们能帮助他们读一读吗？ 有一只六耳猕猴，听说孙悟空一行人要去西天取经。他变成孙悟空的样子，假扮孙悟空。最后，尽管他法力高强，也没能逃过如来佛祖的法眼
联系生活经验，把自己的情感体验说清楚	事情终于真相大白了，孙悟空非常高兴，你肯定也有过这样高兴的体验，请你也来说一件令你高兴的事吧

3. 评分标准的研制

表9-5　"真假美猴王"语文学科评价标准

考题类型		评价标准
读出词语正确的读音，并说出ABAB式的词语	A	能正确读出美猴王，并能连贯地说出三个及三个以上ABAB式词语
	B	能正确读出美猴王，并能说出两个ABAB式词语
	C	经提醒能说出一个ABAB式词语
	D	无法正确认读且说不出ABAB式词语
读好长句子，注意停顿	A	坐姿端正，口齿清楚，能正确流利地朗读，声情并茂，有一定节奏并能适当停顿
	B	发音标准，能正确朗读，音量适中，出现加字、漏字和拖音的情况
	C	在教师的提醒下能说得较连贯，但无法全部正确朗读，朗读中出现错误
	D	声音小，大部分字都不认识，无法认读

（续表）

考题类型		评价标准
联系生活经验，把自己的情感体验说清楚	A	① 能将一件事表述完整（能清楚说出时间、地点和人物三要素） ② 讲话时，语言规范，用词恰当，音量适中，有一定节奏 ③ 根据表达的需要，能正确使用礼貌语辅以表情、手势或体态语
	B	① 能说出一件事情的经过，但没有将三要素表达清楚 ② 讲话时用语较恰当，语言欠规范，音量适中
	C	只能讲述一件简单的事情，眼神游离，用词不准确，语言不规范，音量很小
	D	不喜欢与教师进行口语交际，发音及表达脱离题意

（三）数学学科

1. 评价目标的确立

综合素养评价的主要目的是全面了解学生数学学习的过程和结果，激励学生学习和改进教师教学。应建立目标多元、方法多样的评价体系。评价既要关注学生学习的结果，也要重视学习的过程；既要关注学生数学学习的水平，也要重视学生在数学活动中所表现出来的情感与态度，帮助学生认识自我、建立信心。

2. 评价任务设计

数学学科综合评价以四大名著之一的《西游记》作为故事情境，在轻松、愉快的环境中，对学生各方面的综合能力做出评价。这样不仅可以激发学生的学习兴趣与热情，也对培养他们更加自信的人格起到促进作用。

表9-6 "计收猪八戒"数学学科评价任务

考题类型	检测能力	评价任务
读出正确的时刻	认知能力	唐僧和孙悟空来到了高老庄，请说一说他们到达高老庄的时间 上午（ ）
在括号里填入适当的长度单位（米、厘米或毫米）	认知能力	孙悟空用计将猪八戒引出高老庄，孙悟空手拿金箍棒与猪八戒打斗，此时金箍棒的长度是2（ ）
解决问题	逻辑思维能力	第一回合，孙悟空和猪八戒对抗了25分钟，打成平手；第二回合，他们又打斗了15分钟，依旧难分胜负；第三回合，经过了7分钟的激烈决斗，孙悟空终于打败了猪八戒。他们一共打斗了多少分钟？

3. 评分标准的研制

表9-7 "计收猪八戒"数学学科评价标准

考题类型	检测能力	评价标准
读出正确的时刻	认知能力	A.能快速读出正确的时刻 B.能读出正确的时刻 C.提示后能读出正确的时刻 D.提示后仍不能读出正确的时刻
在括号里填入适当的长度单位（米、厘米或毫米）	认知能力	A.熟练地掌握长度单位，快速说出适当的长度单位 B.较好地掌握长度单位，较快说出适当的长度单位 C.提示后能说出适当的长度单位 D.通过提示仍不能说出适当的长度单位
解决问题	逻辑思维能力	A.能够独立思考并正确说出全部算式和计算结果 B.能列出算式，在教师的提示下，能正确说出计算结果 C.能列出算式，在教师的提示下，不能正确说出计算结果 D.在教师的提示下，不能说出算式和计算结果

（四）自然学科

1. 评价目标的确立

综合素养评价的主要目的是全面了解学生学习的过程和结果，激励学生学习和改进教师教学。自然学科的综合素养评价立足《上海市小学自然学科教学基本要求（试验本）》，将考查内容在生动有趣的故事情境中展开，通过故事情境中的问题，评价学生的认知能力和表达能力。

2. 评价任务设计

表9-8 "大战流沙河"自然学科评价任务

考题类型	检测能力	评价任务
选择题	认知能力	唐僧师徒三人来到流沙河前，只见一幅波涛汹涌、水势壮阔的景象。唐僧说："徒弟们，你们看那前边水流如此湍急，都看不见船只航行，我们该从哪里过河？"悟空说："师父，这可难不倒我，看我七十二变，我能变成一座桥！"小朋友们，请你为悟空师兄选一选，该变成哪一种式样的桥？为什么？ A.　　　　B.　　　　C.
简答题	表达能力	八戒说："师兄，我可重了哦！看看你这桥能不能承受我八戒的重量！"小朋友们，你知道哪些因素会影响桥的承重本领吗？ 　悟空的身体越变越长，发现根本到不了河的尽头。原来，是河中的妖怪在捣乱……

3. 评分标准的研制

表9-9 "大战流沙河"自然学科评价标准

考题类型	检测能力	评价标准
选择题	认知能力	A. 能准确选出哪种桥最为牢固，并能大致说明理由 B. 能准确选出哪种桥最为牢固，在启发引导下能大致说明理由 C. 能选出但是不能说明理由 D. 不能准确选出
简答题	表达能力	A. 能准确说出跨度、材质和结构的特点（三个中其中一个）会影响桥的承重本领 B. 能较为准确说出跨度、材质和结构的特点（三个中其中一个）会影响桥的承重本领 C. 在引导启发下，能较为准确说出跨度、材质和结构的特点（三个中其中一个）会影响桥的承重本领 D. 在引导启发下，不能说出跨度、材质和结构的特点（三个中其中一个）会影响桥的承重本领

◆（五）体育学科

1. 评价目标的确立

小学体育教学中，发展学生的核心素质主要是通过发展学生的运动能力，培育学生良好的运动意识，并不断提高学生体质水平等手段来实现。因此，小学体育教学发展学生核心素养的主要表现有以下三方面的特征：（1）通过多样的运动技能学习，帮助学生掌握一定的运动技能，从而提高学生的运动能力。（2）通过兴趣化的教学手段，引导学生参与体育学习，逐步提高学生的运动意识，并自觉地参与运动锻炼，形成良好的运动习惯。（3）健康知识的不断积累，通过在体育课上对学生体育知识方面的教学，帮助学生提升健康方面的知识掌握水平，提升对于健康行为的理解程度，并掌握一定的体育锻炼基本知识，指导日常的体育锻炼。

2. 评价任务设计

本次评价以《西游记》作为主题，以"师徒几人经历了那么多困难，最终取得了成功，一起庆祝一下吧！"为故事情境，再根据不同年级学生的实际要求进行相应的任务设计，从而对学生的核心素养进行表现性评价。体育学科的考查点为运动能力，根据本次故事情境的设计以及对于一、二年级本学期体育学科学习内容的综合考虑，最后制定了一年级的考查内容为广播操（伸展运动，自喊口令），二年级的考查内容为武术组合动作（弓步冲拳，马步冲拳）。

3. 评价标准的研制

表9-10　体育学科评价标准

年级	评价维度	评价标准
一年级	学习兴趣	A. 动作完成热情，情绪饱满，面带笑容，积极投入 B. 动作完成较热情，有一定的饱满情绪，动作比较投入 C. 能够顺利完成动作，无抵触情绪 D. 不愿意完成动作，情绪低落
	学习习惯	1. 广播操伸展运动从立正开始，完成动作以后须立正 2. 候考时能保持安静，耐心等待 3. 能否保持安全的活动距离 A. 满足三点要求 B. 满足任意两点要求 C. 满足任意一点要求 D. 未满足所有要求
	学习成果	A. 完成动作质量好；动作正确、到位、有力、节奏感强、姿态优美 B. 完成动作质量较好；动作正确、到位、力度不够、有一定的节奏感、姿态较优美 C. 能完成动作；动作基本正确，没有力度和节奏感，双手双脚的配合不协调，姿态不优美 D. 不能独立完成动作；动作一半以上不到位，跟不上节拍
二年级	学习兴趣	A. 动作完成热情，情绪饱满，面带笑容，积极投入 B. 动作完成较热情，有一定的饱满情绪，动作比较投入 C. 能够顺利完成动作，无抵触情绪 D. 不愿意完成动作，情绪低落

（续表）

年级	评价维度	评价标准
二年级	学习习惯	1. 武术组合动作开始前要有抱拳礼，并以抱拳礼结束 2. 候考时能保持安静，耐心等待 3. 能保持安全的活动距离 A. 满足三点要求 B. 满足任意两点要求 C. 满足任意一点要求 D. 未满足所有要求
	学习能力	1. 手型正确 2. 弓步、马步到位，动作有力 3. 方向正确，动作连贯 A. 满足三点要求 B. 满足任意两点要求 C. 满足任意一点要求 D. 未满足所有要求

四、基于《西游记》的综合素养评价过程

基于故事情境的综合素养评价活动实施的基本流程主要包括环境布置、任务加工、评价实施、数据分析四大步骤，其中环境布置包括实体场景环境布置和虚拟场景环境布置。完整的流程安排为此类评价的实施提供了清晰的路径。

（一）环境布置

1. 实体场景环境布置

总体环境布置

唐僧救猴王

计收猪八戒

真假美猴王

大战流沙河

趣经女儿国

图9-1　2020学年第二学期期末学生综合素养评价《西游记》的实体场景环境布置

2. 虚拟场景环境布置

表9-11　2020学年第二学期期末学生综合素养评价《西游记》
的虚拟场景环境布置和任务表

情境	情境一	情境二	情境三	情境四	情境五
名称	唐僧救猴王	计收猪八戒	真假美猴王	大战流沙河	趣经女儿国
角色	唐僧	猪八戒	美猴王	沙僧	女儿国国王
学科	英语	数学、探究	语文、道德与法治	自然、体育	唱游、美术
任务	完成唐僧与孙悟空之间的对话	找出正确的时刻，运用相关知识解决实际问题	协助完成辨别美猴王真假的任务，对自身经历进行完整表述	对桥有正确的认知，能够通过运动能力测试	欣赏女儿国服饰之美，唱歌送别师徒四人
场景					

◆（二）任务分工

为了保证测评工作的顺利开展与实施，教师被分为五个评测组，分别是学生带队组、数据分析组、任务评价组、任务观察组和拍摄记录组。学生带队组负责将参加活动的学生进行分组，并带领学生参加《西游记》中的各个故事情节，同时对学生参与评价的行为习惯进行考查。人物评价组主要根据评价标准对学生在完成《西游记》各项任务中的表现进行评价和记录。任务观察组负责根据观察记录表的观察要点随机选取学生进行考查评价。数据分析组负责将评价组和观察组的数据进行收集，并分析学生发展的状况。拍摄记录组负责对学生参与《西游记》评价实践的表现进行拍摄记录，为后期数据核验和反思提升提供数据基础。

（三）评价实施

学生在故事情境中扮演角色，并根据情境的需要，通过个人或与同伴合作解决问题，在完成任务中感受评价的乐趣。在《西游记》故事情境中，学生们手持评价等第记录表，依次经历以下情境：唐僧救猴王（英语学科）、计收猪八戒（数学和探究学科）、真假美猴王（语文和道德与法治学科）、大战流沙河（自然和体育学科）、趣经女儿国（唱游和美术学科）。在此过程中，学生运用学习过的知识解决问题，完成任务。

（四）数据分析

在测评活动结束后，负责教师仔细检查学生的表现，并根据评分标准给出相应的评价。教师团队对学生的能力发展状况进行有针对性的分析，反思并改进自己的教学行为。此外，学校以学生在评价活动中的数据作为参考，进一步提升教育教学管理水平，制定相应的教育政策和改进措施，用于优化教学质量和学生学习成效。整个数据分析过程强调了对学生数据的收集、分析和应用，旨在提高教学的科学性。学校和教师能够通过不断优化教育教学，为学生提供更好的教育环境，提升学校教育质量。

五、学生的表现

综合素养评价指标体系可以将学生的学习状况和综合素养发展水平全面地反映出来，从而为教师提供有针对性的反馈和改进意见，帮助教师改进教学方法，推动学生的学习和发展。利用综合素养评价指标体系，教师可以更好地了解每一位学生的学习特点和需求，以评价结果为依据，制定出具有个性化的教学计划和教育方案，从而为教师提供更为精准和高效的教学支持。

（一）英语学科的评价结果

在进行抽样观察的 30 名学生中，整体完成情况较好，优良率超过95%。教师发现需要将生活经验结合到评价设计中去，重点是要关注学生的内在思维过程，使这种过程与学生的生活建立起联系。思维品质在英语学科核心素养中占据重要地位，因此教师在情境创设的时候一定要深钻文本、巧妙设计、合理实施。

表9-12 小学低年级英语学科质量分析表

考查内容	考查能力	等第	人数	得分率	学情分析	结果分析
根据图片内容，回答问题	认知能力（通过观察图片理解故事内容；倾听能力）	A	23	77%	学生们能听懂提问，并能根据图片内容准确、流利地进行回答	该考核内容整合了2B M1U1、M3U1、M3U2、M3U3 和 M4U1 单元主题，通过学习，学生能理解"What season is it? How is the weather? What can you hear?"等问题的含义，并根据实际情况回答
		B	6	20%		
		C	1	3%		
		D	0	0%		
根据情境，选词填空	逻辑思维能力（能通过图片、音频和文字信息，在情境中观察、理解、分析故事内容并进行表达）	A	25	83.3%	大部分学生能根据故事情境观察和分析信息，进行选词填空，能准确、流利地介绍人物特征，语音语调准确、自然	该考查内容整合了2B M3U3、M4U1 等单元主题，通过学习，学生能用简单词汇和句子描述人物特征
		B	5	16.7%		
		C	0	0%		
		D	0	0%		
根据情境，完成对话	表达能力（观察图片，根据提问对所听到问题做出快速反应，进行准确、流利的回应）	A	22	73.3%	大部分学生能根据情境内容，准确、流利地介绍人物特征，语音语调准确、自然	该考核内容整合了2B M3U3、M4U1 和 M4U3 等单元主题，通过学习，学生能理解题目要求，并根据图片内容和提示准确、流利地介绍人物特征
		B	6	20%		
		C	2	6.7%		
		D	0	0%		

● （二）语文学科的评价结果

在进行抽样观察的 35 名一年级学生中，学生的认知能力优良率达到 100%。在朗读长句时，有 14% 的学生停顿或语调有失误。教师们意识到在平时要注意加强范读，通过抑扬顿挫、轻重缓急的朗读和丰富的肢体语言，把语感正确地传递给学生，这种有声、有形的范读更容易被学生接受。测评中，有 3 位学生不能很好地结合情境进行主题说话，教师要在平时教学中多注意锻炼学生的口语交际。

表9-13　小学低年级语文学科质量分析表

考查内容	考查能力	等第	人数	得分率	结果分析
正确朗读词语并说出类似词语	认知能力	A	25	71.4%	绝大部分学生能够正确朗读词语，对词汇有正确的认知能力
		B	10	28.6%	
		C	0	0%	
		D	0	0%	
正确朗读长句	表达能力	A	15	43%	大部分学生能够正确朗读长句，有不错的表达能力
		B	15	43%	
		C	5	14%	
		D	0	0%	
联系生活经验说话	表达能力	A	22	63%	绝大部分学生能够流利地表达自己的想法
		B	10	29%	
		C	3	8%	
		D	0	0%	

● （三）数学学科的评价结果

教师通过整理数据后发现，总体优良率超过 90%，测评结果较好。个别学生将时针与分针看反，需要指明后才改正，这需要教师在平时教学过程中注意强调时针与分针的区别，以及训练数学语言的规范性。个别学生对于"克"和"千克"这两个质量单位的认知还不够清晰，因此教师需要增加平时练习题目及注重形式的多样化。在应用题的评价中，个别学生在答案的准确度上有所出入，教师需要在平时的教学中加入口算或听算练习，同时也将题目融入情境，综合提高学生的逻辑思维能力。

表9-14　小学低年级数学学科质量分析表

考查内容	考查能力	等第	人数	得分率	结果分析
时分秒	认知能力	A	22	81.48%	大部分学生都能够分辨时针与分针，并正确且快速地读出时间
		B	4	14.81%	
		C	1	3.71%	
		D	0	0%	
质量单位	认知能力	A	21	77.78%	绝大部分学生都能正确且快速地说出质量单位
		B	4	14.81%	
		C	2	7.41%	
		D	0	0%	
应用能力	逻辑思维能力	A	22	81.48%	绝大部分学生都能理解题意，熟练地给出算式，并且计算结果正确
		B	3	11.11%	
		C	2	7.41%	
		D	0	0%	

● （四）自然学科的评价结果

在实施过程中，根据所观察的随机样本提供的相关信息，第一题有75%的学生表现出选择速度快并且理由充分；25%的学生表现为选择速度较慢，在提示下说出理由。第二题有58.3%的学生表现为表达流利、自信并准确；25%的学生表现为在提示下能够流利地回答问题并回答准确；16.7%的学生表达缺乏自信，在提示下也不敢回答问题。随机样本活动的评价实施结果反映出，大部分学生对于桥的结构和功能的知识点的认知掌握牢固并表达清楚；部分学生在知识点的掌握上还不够牢固；少部分学生在知识点的认知上较薄弱并且表达能力欠缺。二年级学生的评价结果显示出部分学生在知识点掌握上的弱点，探究影响桥的承重本领是课程教学过程中的难点，评价结果反映出了学生对于相关知识点并未掌握牢固。对于难度较大的考题，在设计中可以考虑多增加一些图片选项来激起学生记忆中的知识点，来降低考题难度，帮助他们来答题。但最根本的解决办法还是需要在授课过程中改进教学方法，让学生熟练掌握并吃透知识点。

表9-15　小学低年级自然学科质量分析表

考题类型	考查能力	等第	人数	得分率	结果分析
选择题	认知能力	A	27	75%	学生们能听懂提问，并能根据图片内容准确、流利地进行回答
		B	9	25%	
		C	0	0%	
		D	0	0%	
简答题	表达能力	A	21	58.3%	大部分学生对于桥的结构和功能的知识点的认知掌握牢固并能够表达清楚
		B	9	25%	
		C	6	16.7%	
		D	0	0%	

◆（五）体育学科的评价结果

在学生的综合素养评价中，语文、数学和英语等学科通常能够直接产生评估结果，因为它们的评价主要围绕着学科知识、技能和能力展开，并能够进行客观、量化的评估。然而，体育学科的评价往往更侧重实践和表现，如运动技能、身体素质、团队合作能力等。这些特点使得体育学科采取对比评估的方式，即在实验班和对照班之间进行对照考查，使之更好反映学生的实际运动能力和综合素养水平，提供更为客观和全面的评价结果。

1. 实践班与对照班运动技能学习情况比较

对实践班与对照班进行运动技能学习测试，测试方法为，同时请4名教师对实践班与对照班学生参照动作技能评分标准进行打分，然后取平均分的整数，作为该名学生最终的测试成绩。测试内容为广播操与武术基本步法。测试结果显示，实践班学生在广播操（$T=6.979$，$P<0.05$；M 实践班 $=83.56$，M 对照班 $=75.38$）、武术组合动作（$T=9.090$，$P<0.05$；M 实践班 $=85.77$，M 对照班 $=75.58$）均存在显著性差异。可见，采用故事情境小学体育低年级综合素养评价有助于提升学生技能掌握的程度。分析其中原因可知，通过故事情境小学体育低年级综合素养评价，能激发学生体育学习的兴趣，提高学生体育学习的效果，帮助学生更清晰地掌握动作技能形成的轨迹，帮助学生从易到难，逐步掌握相应的技术。

表9-16　小学生技能掌握得分情况

指标	组别	人数	均值	标准差	T	P
广播操	实践班	28	83.56	5.687	6.979	P<0.05
	对照班	30	75.38	5.911		
武术基本功	实践班	28	85.77	5.396	9.090	P<0.05
	对照班	30	75.58	5.690		

2. 实验后实践班与对照班学生体育学习兴趣比较

采用华东师范大学汪晓赞教授所编制的《小学生体育学习兴趣水

平评价量表》进行小学学生教学实践后的兴趣化数据采集，量表总计27道题，分为运动参与、体育学习积极兴趣、体育学习消极兴趣与自主学习四个维度。测试结果显示，实践班与对照班在运动参与、积极兴趣与自主学习三个维度上存在显著性差异，且实践班的得分明显好于对照班学生，在消极兴趣上不存在显著性差异。T 运动参与 =2.212，P=0.029<0.05；T 积极兴趣 =2.826，P=0.006<0.05；T 消极兴趣 =-1.183，P=0.240>0.05；T 自主学习 =3.438，P=0.001<0.05。并且从三大维度的均值来看，M 运动参与（实）=39.8431，M 运动参与（对）=37.2800；M 积极兴趣（实）=30.2745，M 积极兴趣（对）=27.4200；M 消极兴趣（实）=27.4200，M 消极兴趣（对）=24.9804，M 自主学习（实）=22.6471，M 自主学习（对）=18.2000。

由此可知，故事情境小学体育低年级综合素养评价能显著提升小学生的体育学习积极性，促进学生参与运动的热情以及自主进行体育学习。

表9-17 小学生体育学习兴趣情况表

量表维度	组别	人数	均值	标准差	T	P	
运动参与	实践班	23	48	39.8431	4.93304	2.212	0.029*
	对照班	30	50	37.2800	6.57776		
积极兴趣	实践班	23	48	30.2745	4.22885	2.826	0.006*
	对照班	30	50	27.4200	5.78559		
消极兴趣	实践班	23	48	24.1800	2.48588	-1.183	0.240
	对照班	30	50	24.9804	4.12899		
自主学习	实践班	23	48	22.6471	7.43189	3.438	0.001*
	对照班	30	50	18.2000	5.38327		

3. 实验后实验班学习评价

通过一学年单元教学整体设计的实施，采用评价表对学生情况进行评价，分别为自评、互评与师评三种评分方式，分运动参与、技能习得与能力发展三个维度，其中运动参与满分为 20 分，技能习得满分为 20 分，能力发展满分为 10 分。从评价表的情况来看，小学生运动参与自评、互评与师评得分分别为 16.9、15.0 与 14.1，小学生技能习得自评、互评与师评得分分别为 17.8、15.8 与 16.0，能力发展得分上，小学生自评、互评与师评得分分别为 8.2、8.1 与 8.3。可见，通过一学年的学习，学生们在运动参与、技能习得与能力发展上，得到自己、同伴与教师的认可。分析其中原因可知，大部分学生通过自身的努力获得了相应的分数。

表9-18 实践班体育学习评价表

评分方式	运动参与	技能习得	能力发展
自评	16.9	17.8	8.2
互评	15.0	15.8	8.1
师评	14.1	16.0	8.3

通过本次综合素养评价活动，教师发现故事情境下小学体育低年级综合素养评价的研究仍处于起步阶段，在评价范围上仍存在许多提升空间，本学期主要是运用了广播操以及武术组合动作来进行评价，还存在一定的局限性，往后还需要进一步拓宽评价的范围。故事情境下的小学体育低年级综合素养评的核心要点为构建适宜于小学生身心特点的故事情境，在构建故事情境上，可以从小学生本身出发，运用一些小学生喜爱的故事、动画片以及游戏来进行故事情境的构建。

后　记

　　故事，是记载人类文明的重要方式。可以在讲述历史、传承经典中触动心灵、启迪智慧；可以在描述事件、表达思想中激发想象力和创造力。对于每一个处于童年时期的孩子来说，故事具有特别巨大的力量。

　　将故事和评价结合起来，会发生什么样的化学反应和教育成效呢？

　　为什么评？评什么？怎么评？预期效果怎样？建校的第一学期期末，学校管理团队就一、二年级学生的期末综合测评的目标、形式和内容进行了头脑风暴。当时的背景是为了减轻学生学业压力和负担，上海市教育委员会要求小学一、二年级取消期末考试，同时在小学一、二年级实行基于课程标准的"等第制"评价。于是，有的学校直接把书面测试改成了口头测试，有的学校采用"闯关游戏"的方式进行口头测试，有的学校让学生通过扮演"小数学家""小外交官"等进行相关学科口头测试……应该说，各所小学都积极进行小学一、二年级期末综合测评探索，同时也关注到了学生期末测评的趣味性。然而，究其根本，都是把书面学科测试换成了口头的"面试"，有的甚至就是直接把书面测试改成了口答，而后根据学生的得分按比例推算出相关等第。这种做法其实还是传统的评价方式，以"新瓶"装"旧酒"，过于强调分数高低及标准答案，不利于保护和激发低年级小学生的学习兴趣及创造力，更谈不上"减负"。

　　于是，我们开始对"减负"背景进行了深层次的思考。聚焦面向未来的教育，如何让学生掌握应对未来的必备品格和关键能力？如何设计与核心素养培育相适应的评价标准和评价方法？如何激发每一位学生的学习兴趣，综合评价其学业质量及发展潜质？

我们要更新评价观和质量观，更要注重学生在故事情境中的体验。特别是在考虑情境创设时，学校以文本故事为情境，设置任务和问题，让学生在真实的情境中扮演书中人物，去解决各类问题。为此，学校先后挑选了《绿野仙踪》《西游记》《木偶奇遇记》《彩虹色的花》等读物作为情境创设的文本素材。在活动前，各学科教师整合故事情节，依据课程标准，做好对学生认知能力、表达能力、想象力、审美能力、逻辑推断能力、运动能力等方面评价的准备工作。活动中，通过平板电脑营造情境，邀请学生"走进"故事，运用能力解决问题。比如，在以《西游记》为背景的综合素养评价活动中，学生分小组化身师徒四人，根据"通关文牒"设置的任务，在"取经"路上灵活运用语文、数学、英语、探究、自然、美术、体育、唱游、品德社会等学科知识和技能，解决各种问题，获得成功的体验。通过基于故事情境的综合素养评价活动，促使学生从书本知识世界走向现实生活世界，生成运用所学知识解决问题的能力；教师根据活动反馈，改进评价机制，提高评价效能；学校则以评价更新教师的育人理念，推动整体育人方式的变革。

当学生们惊奇、惊喜、惊叹地穿梭于各个书中场景时，当他们灵活运用各种知识使出浑身解数披荆斩棘时，当他们满怀自信露出大大的微笑时，我知道，他们的童年因故事而闪闪发光。

本书能够问世，要感谢很多人，是他们，让我的每一步都走得非常扎实和稳健。

感谢浦东新区教育学会赵连根会长。万科实验小学成为浦东新区管理机制创新探索的成功范例，赵会长功不可没。他高屋建瓴，运筹帷幄。自万科实验小学办学伊始，赵会长就勉励我们把探索教育变革作为使命担当，力图在"知识训练＋考试"向"实践探索＋创新"的转变过程中有所突破和获得成效。同时，他鼓励我们开展教育研究，成为"善于教学、善于研究"的教育行动者。在本书成文并刊印的过程中，他均予以热忱扶持和精心指导，并欣然作序。

感谢浦东教育发展研究院科研室原主任吴为民老师和科研员杨海燕老师。在课题研究推进过程中，吴老师和杨老师均予以细致指导和提点。

感谢本书编辑刘美文老师。刘老师仔细审查和推敲本书所有文字，并赋予极具诗意的书名。

感谢七年来和我一起倾心付出的同侪们，我们一起将"天马行空"化为有条不紊的现实呈现，特别是诸多参与学生综合素养评价的老师为研究提供了详实的测评案例和数据，让本书有了厚重的基石。

坐而论道，行而做器。故事照见童年，故事也照见我的成长之路。故事里的童年将继续，我也将继续助力孩子们的精彩故事……

胡春华

2024 年 3 月 9 日